오월

5·18 광주민중항쟁 연작판화

오월

홍성담

단비
danbi

따뜻한 총알

황석영

홍성담의 판화를 보는 순간, 아! 하는 탄식이 절로 내 숨소리에 섞여
흘러나왔다.
그것은 여전히 흰 여백과 검은 잉크의 선명한 흑백이었으나 느낌은
아득하게 먼 옛날에 나온 고서의 퇴색한 활자를 대하는 것만 같았다.
이게 언제 적 일이었단 말인가. 그 자신의 표현대로 '담'이 이십대
청춘이었던 시절의 흔적이다.

내가 담이를 만난 것은 1978년 무렵이었을 것이다. 민중문화연구소
실무를 맡았던 시인 김남주가 서울로 도피하고 때마침 석방되어
현장운동과 시민사회운동의 실무를 떠맡게 된 합수 윤한봉이 나와
함께 현대문화연구소를 꾸릴 무렵이었다. 그림 그리는 젊은 친구가
있는데 품성이 매우 좋다는 것이었다. 나는 합수가 사람 보는 눈이 제법
밝다는 걸 평소에 잘 알고 있어서 그를 한번 보자고 그랬다. 홍성담은
그 무렵에 작은 화실을 내어 학생들을 가르치며 먹고 살았고 눈에
띄는 개인전을 열었었다. 나는 직접 보지는 못하고 카탈로그에 소개된
그림 사진을 보고는 그가 당시의 광주에 사는 다른 화가들처럼 나른한

토속주의나 보수적 아카데미즘에 머물러 있지는 않다는 느낌을 받았다. 그의 그림에는 서슴지 않고 표현한 '서사'가 엿보였다. 여기서 서슴지 않았다는 것은 그가 남의 눈치를 보는 그림쟁이가 아니었다는 뜻이겠다. 대개 순수미술을 표방하는 그림쟁이들은 서사를 두려워한다. 하지만 서사는 우리가 늘 꿈을 꾸는 것에서 알 수 있듯이 현실을 왜곡하거나 상징화하거나 아무튼 재편성한 것이다. 그러나 청년화가 홍성담의 그림은 아직은 젊은이의 고립된 개별적 불안을 드러낸 자의식의 표현으로 보였다. 당시의 문화운동은 '마당극'이라는 장을 통하여 이른바 의식화 과정을 거쳐 학원가와 현장을 조직하고, 문화 일꾼들은 일단 함께 작업했다가 각자의 기량대로 갖가지 장르로 새끼를 쳐나가는 식이었다. 그런 과정 속에서 대본, 연기, 음악, 미술 등으로 패거리와 개인의 역할 분담이 이루어지고 미디어에 대한 심화 작업이 이루어지면서 카세트, 사진, 영상으로 진전되기 마련이었다. 요즈음의 인터넷, SNS, 팟캐스트, 개인 라디오, TV 방송 등 미디어의 홍수 시대에 옛날을 돌이켜보니 참으로 조선 시대를 떠올리듯 아득한 이야기 같다.

화가 홍성담에게 '오월 광주'는 당시의 누구에게나 그랬듯이 스스로의 인생에 화인(火印)이 찍힌 계기가 되었다. 그것은 창작자에게 가장 소중하달 수 있는 '자유'가 제한되었음을 의미했다. 내가 늘 푸념하듯 우리는 '서사가 많은 나라'에 태어나서 고맙고, 부자유스러워서 불편하다. 여기서 내가 부자유라고 하는 것은 '역사라는 엄처시하'에 살게 된 한국 예술가의 숙명을 말하고자 함이다. 또한 그에게 '오월 광주'는 학교였다. 나중에 우리에게 감옥이 또 다른 학교였던 것처럼. 지금 저 투박하고 거친 판화를 보자. 그는 숨 가쁘게 돌아가는 현장 상황 속에서 아지프로의 도구로서 자신의 솔직한 말처럼 어린이의 미술 학습 자료인 문방구 조각도로 고무판을 파서 '마구' 찍어냈다. 그런 사실을 스스럼없이 토로하는 그의 태도에서 예술가로서 떳떳하다는 자신감을 엿볼 수가 있다. '뭐 미술이 별거냐?' 하는 기본자세가 되어 있었다는

것이다. 그렇기는 하여도 광주 참극을 알리는 일이 우선이었던 당시
상황에서 어찌 저 거친 판화가 사진의 실감을 이길 수 있을까. 미술사에
보더라도 사진의 출현은 많은 화가를 당혹스럽게 하였다. 아마도
그렇기만 했더라면 이십세기의 미술은 거기서 끝장이 났을 터였다. 수잔
손택은 사진을 말하면서 때로는 특정한 한 장의 사진이 세계를 변화
시킨다고들 하는데, 보도를 대하는 멀리 떨어진 군중은 그것을 소비해
버린다는 것이다. 사람들은 때때로 이미지를 소비해 버린 뒤에 그곳
현장에 남은 사람들의 삶의 디테일을 아예 생각하지 않거나 잊어버리기
마련이라는 것이다. 홍성담의 판화야말로 현장에 있던 사람의 삶과
죽음의 '거친 흔적'으로서 남아있다.

그가 당시에 실행했던 작업은 그 스스로가 겸허하게 밝혔듯이
문화선전대의 아지프로였다. 광주의 참극 이후 내가 홍성담이나 다른
여러 젊은 벗들과 함께 참여한 문화 프로젝트의 이름이 '일과 놀이'였고,
사실은 그것들이 상호 부조화를 이룰 적에 싸움이 시작된다는 의미가
생략된 것이었다. '일과 놀이'의 로고를 홍성담이 그렸는데 도리깨를
휘두르는 농부였다. 그 사람의 동작에는 흥겨움과 역동성이 함께 실려
있었다. 바야흐로 곡식 나락을 향하여 내려치는 순간이었다. '옹헤야,
옹헤야!' 하는 타령의 후렴 구절이 들리는 것 같았다. 도리깨는 평소에는
곡식 나락을 때리지만 상황이 바뀌면 지주의 해골을 강타할 수도
있다는 점에서 노동이자 춤이면서 전투가 되는 식이다. 담이는 이미
출발할 무렵부터 스스로가 알고 있었다. 그것이 오월 광주가 학교였다는
증거이다.

예술이 뭐 별거냐? 아아, 그럼에도 불구하고 예술은 결국 별거다.
내가 그의 후기 글에서 깜짝 놀라면서 소스라쳐 깨우치는 대목이 있다.
마지막 도청의 밤에, 생과 사가 엇갈리는 홍성담과 윤상원의 작별
장면에서 상원이가 해주었다는 속 깊은 말을 잊어서는 안 된다.

"사람을 죽이는 총알이 왜 이렇게 따뜻하지?"

성담이가 못내 사용하지 못하고 간직해 두었던 네 발의 실탄 중에 한
발은 잃어버리고 호주머니에 간직했던 세 발을 상원이에게 주었을 때
그가 했던 말이다. 혁명가는 인민의 삶의 보편성에서 출발했으므로
사랑과 정서가 없이는 적조차 함부로 죽일 수 없어야 한다. 모든 혁명의
운명은 제도화하면서 삶으로부터 유리된다. 예술가는 바로 그 분리된
간격과 끝없이 싸우는 존재이다. 무엇으로? 사랑으로.
나는 홍성담에게 오월 광주를 넉넉하게 벗어나라고 충고하려 한다.
그 지평을 훌쩍 뛰어넘으라고. 홍성담은 이미 환갑이 지난 젊지 않은
예술가다. 위대한 사진작가 세바스티앙 살가두의 말년의 숲을 생각한다.
이제 '헌신'을 그만두라는 소리가 아니다. 담아! 우리 시 한 수 읊어
보자꾸나.
네가 이미 다 아는 우리가 다 알고 있는 김수영의 '봄 밤'이라는 그 시
말이다.

애타도록 마음에 서둘지 말라
강물 위에 떨어진 불빛처럼
혁혁한 업적을 바라지 말라
개가 울고 종이 들리고 달이 떠도
너는 조금도 당황하지 말라
술에서 깨어난 무거운 몸이여
오오 봄이여

한없이 풀어지는 피곤한 마음에도
너는 결코 서둘지 말라
너의 꿈이 달의 행로와 비슷한 회전을 하더라도
개가 울고 종이 들리고
기적소리가 과연 슬프다 하더라도

너는 결코 서둘지 말라

서둘지 말라 나의 빛이여

오오 인생이여

재앙과 불행과 격투와 청춘과 천만인의 생활과

그러한 모든 것이 보이는 밤

눈을 뜨지 않은 땅속의 벌레같이

아둔하고 가난한 마음은 서둘지 말라

애타도록 마음에 서둘지 말라

절제여

나의 귀여운 아들이여

오오 나의 영감이여

오월판화는 기억투쟁이다!

나는 오늘, 4월 봄비를 맞으며 난징의 중산대로를 걷고 있다.
난징학살을 그림으로 기록하기 위해서 나는 이 비운의 도시를 헤매고
있다.
약 80년 전, 바로 이 거리에서 일본군에 의해 헤아릴 수 없을 정도의
난징 시민이 도살(중국인은 학살이라는 말 대신에 '난징도살'南京屠殺이라고
부른다)되었다.
오키나와 그리고 난징, 타이완, 베트남, 광주, 제주도 4·3학살의 기록들이
서로 베낀 듯이 똑같아서 그 잔인성에 관해서는 이젠 서로 다른 점을
찾기가 힘들다. 난징의 중산대로를 걸으면서 이곳이 광주의 금남로나
제주의 관덕정이 아닌가라는 착각을 일으킬 정도다.

어김없이 올해 5월에도 광주 무등산은 온몸을 쥐어짜며 눈물을 흘린다.
눈물은 좁은 광주천을 타고 흘러 도심지를 관통한다.
광주천변을 따라 돋아난 버드나무는 긴 머리를 치렁거리며 울고 있다.
눈물은 하얀 꽃가루 솜뭉치로 변해 충장로, 금남로, 광주 시내 샛길과
골목마다 봄바람에 실려 날아다닌다.

어디 그것이 광주뿐이던가. 대한민국의 어디든 학살의 눈물을 흘리지
않는 땅이 없다.

우리의 역사에서 군인에 의한 민간인 학살은 왜 이렇게도 잔인무도하게
이루어졌을까.
일본 천황제 아래서 태동한 일본군은 1937년 난징에서 약 6주 동안에
30만 명의 민간인을 도살했다. 태평양 전쟁에서 일본군은 약 2천만 명의
아시아 인민을 학살했다. 일본인 외의 모든 아시아 인민은 가축이나
다를 바 없다는 시각에서 이런 잔인한 학살이 벌어질 수밖에 없었다. 그
일본군의 의식구조를 물려받은 한국군은 한국전쟁 전후 빨갱이사냥으로
수많은 민간인을 학살했다.
'빨갱이는 모두 죽여야 해!'
저 잔인한 말은 지금 이 순간에도 태극기와 성조기를 양손에 든 일부
보수단체 집회 때마다 공공연히 외쳐지고 있다.

제주 4·3 때는 도저히 상상하기 어려울 정도의 민간인 학살이
이루어졌다.
'제주도 섬놈들은 모두 죽여도 상관없어!'

베트남 전쟁에 참전한 한국군의 민간인 학살은 두말할 필요 없이 인간의
범죄가 얼마나 잔인할 수 있는지를 극한까지 보여주었다.

1980년 5월, 광주 학살 당시에도 다음과 같은 말이 군인들의 입에서 주저
없이 뱉어졌다.
'전라도 놈들은 씨를 말려야 해!'

일본군의 난징도살의 잔인함과 한국에서 이루어진 빨갱이 사냥의 학살과
제주도 4·3학살과 베트남에서 한국군에 의한 민간인 학살과 1980년

광주학살의 잔인한 방법이 서로 겹쳐놓은 듯이 똑같은 것은 우연이 아닐 것이다.
태평양전쟁 당시에 아시아 인민들을 무참하게 학살했던 일본군의 인종주의의 악마성이 그대로 이식되어진 한국군부는 분단을 핑계로 더욱 야만적일 수밖에 없었다.

나는 우리 땅에서 벌어진 이 역사적인 학살 사건에서 추악한 인종주의의 악마성을 들여다보고 있다. 자신과 생각이 조금만 달라도 도저히 인정하지 못하고 학살의 악마성을 드러내는 이 잔인한 역사의 고리를 어떻게 끊어내야 할 것인가.

역사는 우리의 현재를 비추는 거울이다.
지난 고통스러운 역사들을 기억하지 못하면 언제든지 다시 인간의 악마성이 살아난다. 악마들은 자신들이 저지른 학살을 인민들이 기억하지 못하도록 온갖 언설과 폭력을 쏟아낸다. 심지어 역사마저도 조작하기를 마다하지 않는다. 그래서 기억은 투쟁을 수반한다.
기억투쟁의 수고 없이 우리는 저 잔인한 학살의 고리를 끊어낼 수가 없기 때문이다.

'오월판화'는 기억투쟁을 위해서 만들어진 그림이다.
그래서 초기에는 오월판화를 두고 예술이기 이전에 '선전선동화'라고 폄하하기 일쑤였다.
그 말이 맞다!
나는 예술이 예술이기 전에 인간의 생명을 위한 것이 아니면 휴지조각이나 다름없다고 생각한다. 다시 한 번 정확하게 말하자면 오월판화는 기억투쟁을 위한 프로파간다가 확실하다.

오월판화는 수많은 사람들의 마음과 손으로 빚어진 그림이다.

1980년 오월현장에서 함께 민주주의를 외치며 총을 들었던 동지들과
광주시각매체연구회 회원들, 그리고 1980년대 광주문화운동을 주도했던
활동가들의 손길이 그림에 담겨있다.

무엇보다도 오월판화가 민중미술로서 일반화되었던 계기는 당시의
학생운동에 의한 현장 전시였다. 그들은 집회나 시위 때마다 오월판화를
앞세우고 광주학살 진상규명과 민주주의를 외쳤다.
해외 인권단체들의 응원과 격려도 큰 역할을 했다. 괴팅겐, 베를린,
뒤셀도르프, 런던, 에든버러, 글라스고, 스톡홀름, 그리스, 뉴욕,
스리랑카, 마닐라, 부에노스아이레스 등의 전시는 모두 그 지역의
인권운동단체들에 의해서 만들어졌다. 독일, 일본, 미국에서 조국의
민주화를 위해 아낌없이 수고를 해주신 교포 여러분들이 오월판화를 그
목적에 맞게 잘 사용해주신 것도 역시 고맙기 그지없다.
도미야마 다에코(화가)는 광주학살 소식을 접하고 즉시 판화를 제작하여
일본 전역에서 전시를 하며 광주의 오월을 일본사회에 알렸다.
광주학살에 관한 판화는 도미야마 선생이 최초로 그렸던 셈이다.
1980년대 내내 현해탄을 사이에 두고 도미야마와 나, 두 사람이 서로
얼굴도 모른 채 동일한 주제의 그림을 그리다가 1998년에 최초로 만나
의기투합이 되었다. 우리 두 사람이 광주학살을 내용으로 한국과
일본에서 2인전을 하게 되었던 기억도 새롭다.

그리고 최근에는 일본의 후루가와 미카(한국민중문화연구가)와 오카모토
유카(시민운동가)에 의해서 일본전시가 만들어졌고 2012년에 도쿄에서
오월판화집이 출간되었다.
특히, 서승 교수(리츠메이칸대학/교토)에 의해서 교토와 오사카를 거쳐
2005년에 오키나와의 사키마 미술관에서 전시되었다. 이때부터
오월판화는 동아시아 현대사에서 발생했던 수 많은 국가 폭력을
고발하는 그림으로 자리매김 되었다. 이후, 타이완의 지난 국가폭력의

洪成潭 光州「五月連作版画 夜明け」

ひとが　ひとを　呼ぶ

일본(왼쪽), 타이페이(오른쪽)에서 출간한 오월판화집

희생자를 추념하는 행사들과 함께 타이페이와 타이난에서 전시되었다.
오월판화가 세상에 나온 이후 30여 년이 지난 오늘, 2018년 5월에
단비출판사에 의해서 《오월》이라는 제목을 달고 한국에서 최초로
출간된다.
나는 이 출간이 '고상하고 품격 있는 예술'로 자리매김 되기를 기대하지
않는다. 오월판화는 지난 고통스러운 역사를 되비추는 거울로써
끊임없이 기억투쟁의 프로파간다 그림으로 더욱 자기 역할을 다하는
계기가 되었으면 하는 바람이다.

지난날에 오월판화와 함께 청춘을 보냈던 기억이 있는 모든 분들에게
이 자리를 빌려 진심으로 감사를 전한다. 그리고 화집의 난이도 높은
편집을 마다하지 않고 오월판화를 출판해주신 단비출판사 여러분들께도
감사인사를 올린다.

2018년 4월, 난징 중산대로의 어느 작은 숙소에서
홍성담

오월판화와 시

마각

긴 밤이다
저들에게 밤은 위선을 숨기기 위해 필요하다

캄캄한 저 위장막을 트고
우리 아름다운 꽃을 피우려는 시간에
음모는 시작되었다, 이미 그들의 칼끝이
나의 정수리를 겨누고 있었다

다시 시간은 멈추어 버렸다
다시 길고 긴 밤이
우리들의 가냘픈 등허리
떨리는 어깨 위에 무겁게 내려앉았다

횃불행진

길을 따라 한없이 이어졌다
세상의 모든 길이 불을 밝혔다
어두운 밤을 물리칠 씨앗

우리는 그 날
땅 속 깊이 심었다
불꽃

꼭두각시놀음

캄캄한 밤
그들은 축제의 밤
껍데기들만 유령처럼 움직이는 밤
밤
워키토키의 날카로운 잡음이
껍데기 유령들에게
살인을 교사하는 밤

친구

학살을 꿈꾸는 유령들이
긴 밤 내내
죽음의 춤을 추었다

어둠 속으로
친구는 말없이 사라졌다

그들의 축제를 위해
이 골목 저 골목에서
은밀하게 벌어진 사냥

끝내 친구는 돌아오지 않았다

구경꾼들

보고 있다
거리가 도살장으로 변해 버린 것은
순식간이었다

그리고 저들이 일제히,
일제히 총검을 빼들어
우리들 목줄기를 겨누고 있는 모습을

벽 너머에 몸을 숨기고
사람의 목숨이
일순간에
파리목숨으로 변하는 것을
보고 있었다

혈루 — 1

순간에

모든 것이 찢어져 바람에 날려가 버린다

그동안 읽었던 수없이 많은 책들이

그토록 그리던

고향의 아름다운 산하가

무수히 속삭였던

연인의 아름다운 목소리가

모두

모두 찢어져

갈기갈기 찢겨져

바람에 날려가 버렸다

순간에

혈루 — 2

지평선이 해를 삼킨다
무심하다

붉게 물든 하늘
무심하다

혈루—3

다시 밤은 길다
목초지에 들어선 가축들의 선한 눈이
어둠너머 별을 보았다

밤은 길다, 오래도록
죽음 같은 밤이
그 선한 눈빛에 맺혀있다

혈루-4 | 26.5×40cm | 고무판 | 1981

혈루 — 4

해가 중천에 떠 있던 그 시각
그 날
잊은 얼굴 하나
망각의 시간 아래 묻어버렸던 그대가
오늘 달콤한 봄
내 낮잠의 끝자락을 밟고 서있는 그대가
잊어버린 악몽을 나에게 강요하네

그대는 나의 꿈속에까지 걸어 들어와
이 찬란한 봄에 앞다투어 피는
꽃의 뿌리 어두운 땅 속을 파 보라 하네

혈루 — 5

올해도
광주천 변 버드나무
치렁한 머리를 풀어 헤쳐
바람에 날린다

검은 물
광주천에
긴 머리를 감으며
운다

제 머리를 쥐어뜯으며
운다

혈루―6

바람이 불었다

바람을 안았다

바람이

내일의 일기를 예보한다

혈루-7 | 22.5×37.5cm | 고무판 | 1983

혈루—7

그녀는
내게 속삭였다

언젠가 웅덩이에 고인 물이었다가
하늘로 올라가 구름이 되어 흐르다가
그 중간쯤에 수많은 별들이 반짝이고
별과 또 다르게 빛을 뿜어내는 하늘 꽃 한 송이를 머리에 꽂았더니
비가 내린 후 오색무지개를 타고 다시 땅에 내려와
작은 실개천에 흐르다가 강물에 뒤섞여 바다를 만났다고

그리고 나에게 가슴을 열어 보였다

가슴속에 구름과 별과 꽃과 무지개와 실개천과 강과 바다가
새겨져 있다고
나의 우둔한 귀에 푸른 입술로 속삭였다

암매장

아무도 몰라
내가 어떻게 죽어 갔는지
내가 어디에 묻혀있는지
아무도 몰라
지구상에 존재하지 않는 곳
그들의 작전지도에서 지워져 있는 곳
나도 몰라

내 육신이 어떻게 여기에 끌려 왔는지
그들이 무엇을 했는지
아무도 몰라

칼날처럼 눈 뜬 초승달도
이내
구름 뒤로 숨어버렸어
아무도 몰라
나도 몰라

아무도 몰래
나의 육신이 사라져버린 밤

투사회보-1 | 42×29.2cm | 고무판 | 1986

투사회보 — 1

거리엔 먼지가 날리고
프린트 글씨는 눈물처럼
종이 위에 번졌다

광장에 모인 사람들 사이에
피처럼 번졌다

선연한 핏빛 획으로
글씨가
날마다 새벽노을이 되었다

오늘도 거리엔 먼지만 날리고

도망

숨 가쁘다
손목시계의 초침보다 더 느리다

자갈밭을 튀기는 달음질은
더 느리다

땅이 내 발목을 붙잡고 있다

칼끝은 꿈속까지 따라와
목덜미를 스쳤다

형제 | 30×42.6cm | 고무판 | 1981

형제

어제 길거리를 함께 거닐었다
어제 함께 티브이를 보며 낄낄대었다
어제 한 솥에서 나눈 밥을 먹었다
우리는
어제 함께 길을 나섰다
어제 함께 내일을 생각했다
우리는
어제

양동전투

둔탁한 소리를 내며
우리들 몸 속 깊이
상처가 새겨지면
가쁜 호흡은 더욱 붉고 소리 없이
문들이 열린다

거리로 나가는 문턱이
친구의 피로 반짝인다

황금동전투 | 20×30.5cm | 고무판 | 1983

황금동전투

광주 오팔팔
창녀의 피도 사람의 피처럼 붉다고 악다구니를 했다

그녀들이 내민 팔뚝에
이미 푸른 싹이 돋고 있었다

내 품을 벗어난 광주의 아들이 없다며
그녀들이 내민 손바닥에
꽃망울이 벌어지고 있었다

가자, 도청으로

우리는
도청을 자유라고 불렀다

도청을 민주라고 불렀다

나는
도청을 본부라고 불렀다

투사회보 — 2

글씨가 춤을 춘다
함성을 지른다

사람들을
부른다

종이를 떠난 글씨가
가슴에 박혔다

글씨가 춤을 춘다
글씨가 함성을 지른다

오늘
다시 봄꽃이 피고 지는 오늘
숨을 죽인 채 유리관 속에 앉아 있다
그 글씨가

깃발

그녀는 언덕 위에 서 있다
바람을 거슬러
언덕 저 켠에 서 있다

타오르는 붉은 뺨 아름다워 불꽃
천년만에 터진 숨소리에
흔들리며

그녀는 언덕 저 위에 서 있다

나부껴
빛나고 있다

무기분배

네 심장은 이미 저 뜨거운 것 속에 들어가 있다
벌써 그림자 하나가
어지럽게 흔들리며 아스팔트 위를 가르고

죽음은 내밀하게
또한 이 순간과 묶여 있다
우리는 죽음을 향해
찬란하게 날아가는 바람

한 방울의 피는
취한 물결을 따라
꽃을 만들었구나

총, 나의 생명

다정한 친구의 굵은 팔을 잡듯이
총은 나의 품에 안겼다
오래된 연인처럼

동굴처럼 캄캄한 살상의 총구도
오늘
연인의 자궁처럼
아늑하다
방아쇠는 긴장한 허리다
총
뜨겁게 호흡을 하고 있다

우리는 밥처럼 총을 나누었고
나는 총에게 숨을 나누었다

불

꽃은 환하게 피었다
어느 용감한 심장이
나에게 자신의 소망을 바친다

불꽃은 밤새도록 담을 넘었다

어두운 밤바다에 실종된 것처럼
등뒤는 고독한 죽음
행렬은 멀리 떠나고
태허의 공간에서 시간을 찾는다

새벽을 허락하지 않는 불꽃이
밤새도록 담을 넘는다

대자보

벽이 가라앉고
우리는 그 앞에 서서
슬픔을 나누었다

확실한 것은
이름도 없는 육신과
이름만 남고 사라져버린 육신이
여기 담벼락에 몇 개의 부호로
엉키어
남아 있었다

대동세상 — 1

사람을 부른다
사람이 사람을 부른다

세상의 순결한 이름들이
서로 눈길로 답하고

용기 있는 사람들이 서로
살을 부빈다

오늘
사람이 사람을 부르는 세상이다

도청궐기대회

그대는 홀로 있어서 아름답다
함께 있어도 아름답다

그대는 얼굴에 미소가 아름답다
성난 눈길도 아름답다

그대는 고요히 앉아 있을 때 아름답다
주먹을 뻗어 허공을 가를 때도 아름답다

그대는 오직 아름답다

밥

거리의 안개와 어두움과 적막
간혹 유탄이 붉은 선을 긋는 밤
서로 살을 섞는다

밥냄새는 살냄새다 땀냄새다 피냄새다
오월의 사랑을 먹는다

피로 맺어진 약속을 먹는다
나누어 몸 안에 담는다

효천전투

길 끝에 언덕
언덕 너머 산
산 너머 들판
들판 끝에 강
다리 건너 마을
마을 뒤에 다시 언덕

그 날 오후
피로 물든 땅은
눈이 아프도록 빛나고 있었다

동생을 위하여 | 16.5×27cm | 목판 | 1983

동생을 위하여

발
저 발로 아장아장 걸음마를 배우고
발
저 발로 마당을 내려와
발
저 발로 잔디밭을 가로질러
발
저 발로 거리를 달리고
발
저 발이 오늘 내 품에 안겨
발
저 발이 오늘 내 눈물을 받고 있다
발

갚아야 할 원수

아부지는 죽지 않고
저 네모난 큰 상자 속에 잠들어 있을 뿐이야

어제 밤에도
아부지는 술이 취해서 방문을 드르륵 열고
내 주머니에 뭐가 있다 뭐가 있지 했다
나는 포르르 웃으며 아부지의 주머니에서
새우깡을 꺼내 들고
엄마 엄마 새우깡 봐라 자랑했다

오늘밤도 아부지는 저 네모난 나무상자 속에서 일어나
어이구 잘 잤다 큰 소리로 술 냄새 풍기며
내 주머니에 뭐가 있다 뭐가 있지 할 것이다

나는 밤이 깊어도 절대로 자지 않고 기다릴 것이다.
아부지가 내 주머니에 뭐가 있다 있지 하며
방문을 드르륵 열 때까지

임산부

간혹 함성 들리는 곳에서도 저녁노을 아름답고
찰나
총소리 하나에
내 몸 속 모든 것이 쏟아졌다

내 아이가
쏟아져 버렸다

무엇으로 다시 내 몸을 채워야 하리
내 빈 몸을 채워야 하리

무엇으로
지난 일년 동안 내 몸 속에서
나와 함께 숨쉬던
아이의 자리를 채워야 하리

무엇으로 내 몸 안에 사랑을 심은
그이의 자리를 채워야 하리

무기회수거부

흉흉한 거리에
소문은 쌓이고

쌓인 소문 위에 서식하는
비겁함이 바다보다 넓다

그러나
결국 용기가 뼛속으로
길을 열어 역사가 되었다

헌혈구호

내가 여기서 죽는구나
하늘도 저렇게 푸르게 빛나는데
내가 죽는구나

피를 찾는 구호소리도 아련하고
급한 발자국 어지러운 소리
나의 숨이
이 거리에서 다 하고 있구나

저 푸른 하늘이 내 이마에 닿아
파열음을 낼 때까지
나는 왜 죽어가야 하는지 몰랐다

내가 다시 살아나는가
살아나서
벌어진 내 상처를 손으로 만져 볼 때까지
내가 죽어가야 했던 이유를 아무도 가르쳐 주지 않았다

민주! 민주를 위한
피가 부족 합니다

헌혈행진

얼굴을 마주하고
살이 이어졌다

손을 잡고
핏줄이 이어졌다

가슴을 마주 대고
너는 내가 되고
나는 네가 되었다

내 안에서 네가 살고
너 안에서 내가 뜨겁게 숨을 쉰다

그렇게 우리는 생명의 아궁이에
불질을 시작했다

대동세상 — 2

사랑을 하면
사랑보다 이별을 먼저 생각한다
길모퉁이마다 사람들이 모였다
모여서 다시 흩어질 일을 생각했다
그래서 가진 모든 것을 나누었다

때때로 이별이 더 거룩할 때가 있듯이
각자 외롭게 흩어져 있을 시간을 위해
우리는 아낌없이 나누었다

이별은 사랑하는 사람을 위해
가진 것을 모두 내어주는 의식이다

흐르는 물이야 | 42.5 × 55cm | 고무판 | 1986

새벽전투

새벽은 어둠을 물리치기 위해 승리하지 않는다
새벽은 스스로 밝아오지 않는다

새벽은 처녀의 몸
은밀한 곳에서 피를 머금고
총성으로
빗장을 벗겼다

노을이다
새벽
피다

아직도 아스팔트는 선혈이 마르지 않은 채
낮게 밀려온 아침 안개가 쓰다듬고 있었다

잃어버린 시체

두 눈도 뜨고
붉은 입술도, 아직도 살아서 꿈틀거리는 가슴도
가늘게 떨리는 손끝도
어둠 너머로 숨었다

어둠 뒤에 숨어서 노래한다
세상에서 가장 고운 음성으로
핏빛 낭자한 새벽을 노래한다

새벽

사랑한다
저 새벽빛 아래
우리들 함성이 머물었던 거리를 사랑한다

사랑한다
너와 내가 헐벗은 몸으로
서로 껴안았던 거리를 사랑한다

사랑한다
네가 흘린 피 눈부시게 아름다운
그 시간들을 사랑한다

나의 이름은

지루한 어둠입니다
나는 온통 캄캄한 밤입니다, 어머니
제가 맨 날 누워만 있어요 여기에
어제는 외롭고
오늘은 춥습니다

나를 덮은 흙을 피해
사람들의 발자국 소리
두런거리는 소리
나의 묘비가 어머니, 무명열사라구요?

어머니, 제가 여기 분명히 누워 있는데
내가 여기 이렇게 눈을 부릅뜨고 있는데
이런 내가 이름이 없는 무명이라니요, 어머니
어머니의 아들이 무명이라니요

이곳은 별도 없고 달도 없는 밤입니다
나의 이름조차도 잃어버린 밤입니다
아무도 나를 알아보지 못하는 밤입니다
어머니

무등산하만고해원신시민군(無等山下萬古解怨神市民軍) ǀ 42.5×56cm ǀ 고무판 ǀ 1985

무등산하만고해원신시민군

오늘따라 햇빛이 맑다
속울음을 삼킨 영혼들이
햇빛아래 투명하게 서 있다

너는 지금 어디에 있느냐고
그들이 물어오면
나에게 진실이 있어서
빈 마음속에 뜨겁게 이는 그리움을 생각했다고
말할 수 있을까

일체의 미움이
그리움으로 흘러
어디서나 다시 그들의
노래를 들을 수 있을까

칼춤

하늘에 둥 떠 있는 태양보다 더
그 빛줄기보다 더
아름다운 것

위태로운 손
칼날을 잡은 손

낮춤

눈썹 같은 낮달이
비켜 선 뒷산

강은 제 깊은 속을 보여주지 않고
흐르다가
낮 달을 베어 물고 나서야
하얀 거품으로 뒤척인다

강은 낮 달의 살점을 썰으며
길게 누워 있다

윤상원 열사

어느 낯선 거리에서
꽃 그림자 하나
산 위로 올라가는 골목길
또 그림자 하나
어느 낯선 문 앞에
꽃 그림자와 그림자 사이
죽음과 같은 정적이 찾아와
여기 낯선 벽 아래
내 그림자
낯설게 하나

시민군 신장도

의자에 올라갈 수 있는 계단들이 무너져 내리던
붉게 물들인 아침이
우리들 어깨 단단한 근육을 빛나게 한다

그들에겐 훈장을 나눌 수 있는 승리가 있다
그러나 우리에겐 승리가 없다

우리에겐 바다와 같은 노여움
달빛과 같은 침묵뿐
그러나 그 뒤 밤바람 위로 들려오는 함성이
우리보다 먼저 달려간다

사시사철 — 봄

허무가 무너지고 있다
나를 매만지는 손길이 간혹 떨리고
세상의 탄생이 기약 없이 흔들렸다

연약한 몸짓 그는 망설이지 않고
내 몸 깊은 곳에 반역의 씨앗을 박았다

나는 홀로 황홀하게 몸을 떨었다

사시사철 — 여름

대지와 바람이 만나
비를 뿌리고
사랑과 미움이 만나
불을 토한다

비와 불길이 서로 엉키어
분노를 만든다

분노가 다시 사람을 만나
세상을 갈아엎는다

사시사철 — 가을

마지막 내 한 조각의 살점이라도
깊은 사랑의 점액으로 썩어서
허기진 순간이다

이제
제자리로 돌아와
금빛 출렁거리는 들판에 서서
지난밤의 근엄한 무게를 벗는다

침묵이 견고한 들녘에
새벽 안개가 엉키어
아침은 늘 비틀거리며 열린다

깃발춤

오늘
우리들의 증오가
찬란하게 침몰하면서
내 몸 속에 박힌 총알도
울음을 멈추었다

눈물은 송진처럼 상처들 위로 뚝뚝 떨어져
무슨 일이 일어난다 하더라도
너와
나는
하나다

오월 판화

일기

1.

1980년 5월 27일 새벽, 도청을 지키던 시민군 본부는 계엄군들의 막강한
화력 앞에 무너졌다. 지난 열흘 동안 계엄군들의 총칼 앞에서 광주를
지키며 시민들과 함께 꾸었던 꿈들도 그 자리에 주저앉았다.
도청 광장은 피바다가 되었다.
그날, 아스팔트 여기저기 고인 피는 동쪽에서 떠오르는 아침 햇살을
머금고 더욱 선명하게 반짝였다.
사람들은 절망, 패배, 죽음의 언어로 광주를 슬퍼했다.
광주의 시간이 멈추었다.
바람도 멈추고, 광주천도 멈추고, 노래하던 새들도 입을 다물었다.

2.

한순간에 사람들이 사라져 버렸다.
1980년 5월 18일 0시를 기해 확대 계엄령이 선포되었다. 선포되기
이전에 이미 중요한 사람들은 검거되어 군부대로 끌려갔다. 그리고 모진

五月 40 | 새벽

고문을 당해야만 했다.

그뿐만이 아니었다.

민주주의를 외치며 계엄군과 맞서 싸우는 사흘 사이에도 많은 사람들이
희생되었다. 그리고 27일. 마지막까지 광주를 지켰던 많은 시민군이
계엄군에 의해 죽임을 당했다.

살아남은 사람들은 어떠한가? 대부분은 감옥으로 끌려가고, 수배와
체포의 칼끝을 피해 광주를 떠나 길고 긴 세월동안 숨어 살아야만 했다.

3.

26일 밤이었다. 나는 항쟁 열흘 동안 함께 활동했던 문화선전대의 몇
사람과 함께 지인의 자취방으로 숨어들었다.

그리고 27일 자정을 기해 계엄군들의 광주 침탈 작전이 시작되었다.

광주 외곽에서부터 총소리가 들리기 시작했다. 계엄군은 탱크의 엄청난
바퀴 소리를 앞세우고 광주 중심부인 도청 광장을 향해 점점 다가오고
있었다.

그리고 새벽 4시. 도청 시민군 본부를 향해 집중적으로 쏘아대는
총소리가 아주 오래오래 들렸다. 거기에 수류탄이 터지는 엄청난 굉음도
들렸다.
골방에 숨어 있던 우리는 보았다. 손바닥만 한 창문 너머로 새벽 동이
트면서 동녘 하늘이 핏빛처럼 붉게 물드는 것을.

1980년 5월 27일, 대한민국의 새벽 하늘에 새로운 역사가 새겨지고 있는
광경을 보았다.
분단과 군부 독재가 하나의 몸이라는 것을 보았다.
일제 강점기와 분단이 하나의 사슬에 묶여 있는 것을 보았다.
분단과 미국이 하나라는 것을 보았다.
악마들의 모습에 절대 회복할 수 없는 금이 주욱 내려 그어지는 것을
보았다.
그리고 함께 숨어 있던 동지들의 얼굴에서는 희망을 보았다.

4.

우리는 1980년 여름부터 새로운 삶을 시작했다.
오월학살에 대한 진상 규명과 책임자 처벌을 위해서
힘겨운 싸움의 길로 나섰다.
수많은 동지들을 잃고 살아남은 자로서 당연히 해야 할 일이었다.
광주 안팎에 오월학살의 진짜 모습을 알리는 것이 가장 중요했다.
당시에는 학살 현장을 기록한 사진 한 장조차 구해 볼 수 없었다.
단지 학살을 몸으로 견뎌 낸 시민들의 증언만 있을 뿐이었다.
국내에서는 전두환 신군부의 압살 정책으로 인해
사람들의 입과 귀가 틀어막힌 상태였다.
광주에 관심을 갖고 있는 외국의 인권 단체나 양심적인 시민들에게
광주학살의 진실을 알리는 일이 무엇보다 중요했다.

五月 12 | 혈루—7

우리는 목사님과 신부님들이 해외 종교계의 초청을 받아 외국에 나가는
기회를 활용해야 했다.

나는 오월항쟁 열흘 동안 직접 보고 들은 모습을 연필과 수채물감을
이용해 종이에 그렸다. 두꺼운 종이에 그리면 부피가 커져서 혹시 짐
검사를 할 때 들킬까 봐 얇은 종이에 그림을 그린 뒤 돌돌 말아서 다른
물품 속에 숨겼다.

그렇게 해서 해외로 옮겨진 그림을 받은 현지 교포들은 다리미를
이용해 조심스럽게 폈다. 그리고 목사님이나 신부님이 강연하는 장소에
간단하게 전시를 했다. 그곳에 온 사람들과 광주의 비극적인 상황을
공유했던 것이다.

이렇게 그려진 그림은 독일, 영국, 일본, 미국 등으로 보내졌다.

해외에서 이 그림들을 보내 달라는 요구가 점점 많아졌다.

그때마다 똑같은 그림을 그리는 게 지겹기도 했다.

당시엔 복사기 쓰는 게 수월하지도 않았고, 광주 시내에 사진을 인화할
수 있는 가게도 몇 집 되지 않았다. 그러니 어쩔 수 없이 들킬 위험을
무릅쓰고 계속해서 그림을 그려야 했다. 1980년과 1981년만 해도 광주

五月 04 | 친구

금남로는 청년 서너 명만 함께 걸어가도 경찰들이 달려들어 떼어놓을
정도로 공포스러운 상황이었다.

5.

1981년 봄, 나는 오월학살 진상 규명 사건에 연루되었다. 경찰의 수배가
내려져 잠시 집을 떠나 숨어 지내야 했다. 광주 변두리에서 세를 살던
선배에게 신세를 졌다. 그 집에는 선배 부부와 초등학교 5학년 딸과
3학년 아들이 살고 있었다.

나는 약 열흘이 넘은 기간 동안 아이들 방에 숨어 있었다. 그다지 할
수 있는 일도 없어 하루하루 책을 읽으며 시간을 보냈다. 당시 선배네
집에는 아이들 책 말고는 별 책이 없었다. 어린이 그림 동화책 시리즈를
모조리 읽었다. 나중에는 아이들 교과서까지 읽었다. 특히 아이들 책 중
'표준 전과'를 정말 재미있게 읽었던 기억이 난다. 먼 훗날 나는 지인들
앞에서 '내 평생 필요한 인문학적 교양은 수배 중이던 그때 어린이 책을
통해서 얻은 것 같다'고 농담 삼아 말하기도 했다.

당시 보았던 초등학교 미술 교과서는 아주 잘 꾸려져 있었다.

올 컬러 인쇄는 물론 미술의 다양한 매체를 활용해 어린이의 상상력과
표현력을 자극하고 있었다. 또한 한국 미술사나 세계 미술사에 대해서
꼭 필요한 만큼의 소개도 되어 있었다. 거기에 판화에 관한 내용도
간단하지만 충실하게 소개되어 있었다. 이를테면 감자, 무, 고구마나
지우개 등에 문양을 파서 찍으면 금세 이방연속무늬나 사방연속무늬가
만들어진다는 것을 보여 주었다. 그리고 고무판에 아빠 얼굴이나 마을
풍경을 새겨서 찍는 방법도 소개했다. 물론 대학에서 판화 수업을 받았고
첫 개인 전시회에 판화를 내걸기도 했지만 그만 까맣게 잊고 있었던
것이다. 절실하지 못한 경험은 아무짝에도 쓸모가 없다는 것을 깨닫는
순간이었다. 해외에서 요청할 때마다 어슷비슷한 내용으로 스케치를
하고, 습관적으로 수채물감을 바르는 일이 권태롭고 지루했던 찰나,
판화를 이용하면 이 지루함을 벗어던질 수 있겠구나 하는 생각에 가슴이
떨리기 시작했다. 조각칼로 한 판만 새기면, 수십 장 또는 수천 장을
찍어서 사방팔방에 필요한 만큼 보낼 수 있다니! 갑자기 흥분한 나는
조그만 소리로 외쳤다.

"그렇다! 살인마 전두환이 지배하는 숨 막히는 세상을 오월판화로
뒤덮어 버리자."

6.

오월연작판화의 대부분은 시대의 요구에 의해 그려진 그림이다.
또는 당시 광주의 민주화 운동권에서 요청하거나, 광주 문화패들이
필요할 때마다 제작되었다. 다시 말하면 예술적인 행위와는 별 상관이
없었던 것이다.

나는 대학에 들어가면서 서양화를 전공했다. 그러니까 오월판화를
제작하기 전까지는 판화라는 매체와는 상관없는 삶을 살았고, 앞으로도

그렇게 살아갈 줄 알았던 것이다.

1981년부터 1983년까지 제작된 오월판화들은 계엄군의 학살 현장을
아주 사실적으로 그렸다. 광주 안팎에서 광주를 바라보는 시선은 죽음과
패배와 학살의 감정들이 뒤섞여 고통스러운 모습이었다. 그런 시선에
대해 광주는 진솔하게 응답해야 했다.
학살과 관련된 가슴 아픈 내용의 판화들이 수없이 만들어졌다.
훗날, 이 시기에 제작된 학살 관련 판화들에 〈혈루〉라는 제목을 붙였다.
그중에는 1982년에 제작한 판화 〈동생을 위하여〉라는 그림도 있다.
죽은 동생의 시신을 부둥켜안고 울부짖는 누나의 모습을 그린 작품이다.
이 그림의 실제 주인공은 오월항쟁 당시 전남대 학생회장으로 학생
시위를 이끌었던 박관현이다.
5월 17일, 확대계엄령선포 직전에 있었던 사전 검거를 피해 도망친
박관현은 신분을 숨기고 공장에서 일하면서 1년여를 버텼다. 그러다가
현상금을 노리는 누군가의 밀고로 1982년 체포되어 내란중요임무종사
혐의로 5년형을 선고받고 광주교도소에 수감되었다. '5·18 진상규명과

재소자 처우개선'을 외치며 단식투쟁을 하다가 단식 50일 만에 전남대
병원으로 이송되었는데, 결국 1982년 10월 13일 숨을 거두고 말았다.
그날 고 박관현의 누나가 동생의 시신을 부둥켜안고 슬피 절규하던
모습을 영안실에서 직접 보았다.

1980년 5월, 광주는 병원마다 영안실마다 시신을 끌어안고 절규하는
어머니들이 수없이 많았다. 그래서 이 판화를 굳이 〈혈루〉 시리즈에
포함시켰다.

1982년 11월에 오월판화가 아닌 다른 판화 11점에 판화 〈동생을
위하여〉를 더해 총 12점을 가지고 판화 달력을 만들었다.

한마당출판사에서 출간한 이 판화 달력의 발문은 소설가 황석영 선생이
쓰고, 시인 황지우 선생이 편집과 서문을 맡았다. 당시 이 판화 달력은
사람들에게 반향을 불러일으켰고 엄청나게 팔렸다. 일본과 독일의
시민단체에서는 이 달력이 현지에서 재인쇄되어 판매되기도 했다.

판화 달력이 성공을 거두면서 1983년 여름에는
가톨릭광주대구정의평화위원회의 후원으로 1980년대 민중미술사에서
가장 중요하다고 할 수 있는 대중미술운동인 '시민미술학교'를 만드는 데
밑거름이 되었다. 이후 '시민미술학교'는 전국 각 지역으로 확대되었고
미술학교의 강학을 통해서 지역의 미술운동을 조직하는 데 가장 중요한
동력이 되었다.

광주가 진압되고 난 뒤 그해 12월 24일, 일명 '무등산 타잔'이라고 불리던
박흥숙이 여러 사람의 구명 운동에도 불구하고 사형되었다. 2년 뒤인
1982년 12월 24일, 하얀 눈이 무릎까지 내린 날이었다. 가수 김민기 형이
박흥숙을 위해서 막걸리 한 잔 해야겠다며 광주에 사는 동료 서너 명과
함께 무등산 증심사 아래의 주막에 들었다. 술이 얼큰해진 김민기 형은
누가 시키지도 않았는데 기타를 들고 특유의 낮은 목소리로 '작은 배'를
불렀다. 박흥숙의 외로운 넋을 위로하는 진혼곡이었다. 창밖엔 바람 한
점 없는 가운데 소복소복 함박눈이 내렸다. 노래를 마친 민기 형이 나를
불렀다.

사월   홍성담 판화집

일	월	화	수	목	금	토
					I	2
3	4	5	6	7	8	9
10	11	12	13	14	15	16
17	18	19	20	21	22	23
24	25	26	27	28	29	30

한마당 은 우리의 동시대 의식을
위한 공감의 마당입니다.

"담아! 〈동생을 위하여〉 판화가 좋아. 죽음을 슬퍼하는 그림이 수없이
많을 텐데……. 시신의 발바닥만 나오는 그림은 첨 봤어. 사람의 발을
자세히 보면 우습기도 하지만, 그 생김새가 슬프잖아. 왜 그럴까. '이
고달픈 세상에서 살아남기 위해 저 발로 이 땅을 얼마나 헤맸을까'라는
생각에? 내가 봤던 그림 중에서 가장 슬픈 그림이야. 이것이 예술의
힘이야."

7.

우리는 늘 공안 당국의 탄압을 예상하면서 일상생활을 이어갔다.
분위기가 심상치 않을 때마다 각종 서류와 책, 그리고 판화 원판들을
안전한 곳에 숨겨 놓았다. 특히 고무판이나 목판으로 제작된 원판들은
시커먼 잉크들이 덕지덕지 묻어 있고 인쇄용 잉크통과 더불어 잉크를
닦은 신문지나 휴지 등과 함께 그대로 종이박스에 구겨 넣어져 있던
까닭에 쓰레기더미인 줄 알고는 버려지기도 했다.
당시에는 그런 일들을 대수롭지 않게 생각했다. 공안 당국의 검거를
피해서 살아남아 다시 일상으로 복귀할 수 있는 것만이 기쁘고 고마울
뿐이었다.
아무튼, 이런저런 이유로 오월판화 약 75점 중에서 16점의 원판이 사라져
버렸다. 지금 생각해 보면 좀 더 소중하게 간직하고 관리했어야 했는데
그러지 못한 점이 아쉬움으로 남는다. 그러나 이것도 역시 그 시대가
우리에게 남긴 상처임이 분명하다.
대학가나 각종 시위와 집회현장에서 유격적으로 전시하기 위해
플래카드에 순서대로 오월판화 전작을 찍어서 보급했다. 이런 플래카드
판화는 전봇대와 전봇대 사이, 또는 가로수와 가로수 사이에 끈으로
걸어서 거리에서 전시했다.
또는 감상자들을 위해서 판화와 시가 서로 만나는 유격적인 전시를
많이 했다. 즉 한지 윗부분에 판화를 찍고 아래 부분에는 붓으로 광주

시인들의 오월 관련 시를 썼다. 이렇게 다양하게 만들어진 판화들은
과연 지금 어디에 숨어 있는 걸까? 당시 활동 기금 마련을 위해 한 장에
1만 원씩 팔던 판화가 2017년 12월 어느 미술 옥션에서 2백만 원이 넘는
가격에 경매가 되는 것을 보면서 묘한 생각이 들었다.

8.
1980년대 내내 오월판화만 제작한 것은 아니다.
내가 판화를 했던 시기는 1980년부터 1989년 7월 걸개그림
'민족해방운동사' 사건으로 안전기획부(지금의 국가정보원)에 체포될
때까지 약 10년 동안이다. 이 기간 동안에 원래 내 전공인 회화 작업뿐만
아니라, 오월판화를 포함하여 약 190여 점의 판화를 제작했다. 지금
생각하면 엄청난 양의 그림을 그려 댄 것이다.

당시 광주 금남로 3가 한복판에 광주대교구 가톨릭센터(지금은 유네스코
기록관) 6층에 '가톨릭 광주대교구 정의평화위원회' 사무실이 있었다.
내 평생의 동지인 김양래가 그 당시 간사를 맡고 있었다. 엄혹한
시절이었기에 광주진상규명운동을 하던 단체의 대부분은 종교계의
보호를 받아야만 했다.
어느 날 갑자기 김양래의 호출을 받았다. 득달같이 달려가니 김양래가
'전단을 급하게 만들어야 한다. 전단 내용에 사용할 판화를 빨리
내놓으라'며 독촉을 했다. 나는 즉시 주머니에서 '피노키오' 조각도를
꺼냈다. 문방구에서 1천 원에 파는 조각도였다. 옆 사무실로 가서는
테이블 위에 깔아놓은 '테이블크로스' 고무판을 필요한 만큼 잘라서 들고
왔다. 그리고 고무판에 스케치를 하고 조각도로 파기 시작했다. 파내기
쉬운 부분은 사무실에 온 손님이나 또는 옆에서 구경하는 사람들이
도와주기도 했다. 센터 안에 있는 인쇄실에 가서 잉크로 판화를 찍어
김양래 간사에게 넘기고, 함께 도와준 사람들에게도 내 사인을 해서 한

장씩 나누어 주었다.

이러한 일은 정의평화위원회 뿐만 아니라 노동야학, 우리 문화패들이
운영하는 소극장, 민주화 운동권의 사무실 등등에서 수없이 이루어졌다.
당시 판화 원판은 위의 장소에 임시로 맡겨 놓을 때가 많았는데, 세월이
지나면서 종종 그 사실을 까맣게 잊어버렸다.
1~2년이 지나서 그곳 사무실 정리를 하다가 원판이 나왔다는 연락을
받고 찾아오기도 했지만 대부분은 세월과 함께 사라져 버렸다.

9.
판화에 사용하는 조각도는 위에서 말한 문방구에서 파는 '피노키오'
조각도를 가장 많이 사용했다. 가격이 싼 까닭에 오래 사용할 수 없는
단점이 있지만 그 대신에 칼날이 망가져서 더 이상 사용하기 어려울 땐
미련 없이 버리고 필요할 때 어디서든 즉시 구입할 수 있다는 장점이
있었다.
또한 조각도는 세모칼, 둥근칼 등 특수한 칼날이기 때문에 숫돌에 갈아서
날을 세우기가 어렵다. 그런 어려운 일을 할 필요가 없이 언제든지 새
칼을 부담 없이 사서 쓸 수 있으니 단점보다는 장점이 훨씬 많았다.
나는 판화 제작에 고무판을 많이 사용했다. 고무판은 제법 큰 사이즈라도
돌돌 말아서 휴대하기가 간편했기 때문이다.
목판은 고무판에 비해 값도 비싸고 구하기도 힘들다. 그리고 작업하기
전에 스케치 사이즈에 맞게 잘라야 하는데 이 작업은 톱이 없이는
불가능하다.
또한 목판 면을 고르게 마무리하기 위해서 대패와 샌드페이퍼로 문질러
가공을 할 때 먼지를 뒤집어써야 하는 부담도 있다. 무엇보다도 고무판은
두께가 얇으니 좁은 공간에 차곡차곡 쌓아서 보관하기가 쉽다.
그런데 조각도로 파내는 동안 고무 냄새를 맡아야 하는 점과 조각도를

피노키오 조각도

잡은 손에 전달되는 촉감과 소리가 그다지 유쾌하지 않다는 점은
단점이라고 할 수 있다.
그러나 무엇보다도 속도감 있게 작업을 할 수 있다는 장점이 그 모든
단점에도 불구하고 나에게 매력으로 다가왔다.

10.
한국 민주화운동의 맏형이라 할 수 있는 김근태는 대학 시절인 1971년
유신독재에 반대하는 학생 시위를 주도한 혐의로 도피 생활을 시작했다.
그의 청년 시절 대부분은 수배를 피해 숨어 다니는 게 일이었다.
그가 1983년 9월 한국 최초의 공개적인 사회단체인
'민주화운동청년연합' 결성을 주도하며 초대 의장을 맡았다. 드디어
1980년 광주학살 이후 최초의 공개적인 민주화운동 단체가 출범한
것이다.

이듬해인 1984년에 '광주전남 민주화운동청년연합'이 결성식을 앞두고
있었다.
청년연합 지도부에서 나에게 창립 기념 판화를 만들어 달라고 부탁했다.
이 판화를 팔아서 연합을 꾸려 나가는 활동 기금으로 사용할 계획이라고
했다.
그때까지도 광주를 바라보는 외부의 시선은 '슬픔과 죽음과 패배의
감정'이었다. 1980년 5월, 광주에서 살아남은 우리는 5월 27일 도청
시민군 본부가 핏속에 잠기는 것을 보면서 고개를 무겁게 떨구었지만
동시에 곧바로 '승리와 희망'을 보았다. 그러나 이러한 감정을 외부에
이해시키고 설명하기는 대단히 힘들었다. 우리는 지난 무수한 경험을
통해서 패배의식은 현실에서도 패배를 부른다는 것을 잘 알고 있었다.
광주의 진실은 두 가지다. 하나는 광주 학살의 진상규명이었고, 다른
하나는 오월 광주는 죽음과 패배가 아니라 사랑과 희망이라는 진실의

상징이었다는 점이다. 오월 광주의 열흘 동안의 항쟁 현장은 패배와
죽음이 아니라 승리와 희망과 생명과 사랑이라는 진실을 널리 알려야
했다.

전두환 군부 정권과 싸워서 이 척박한 땅에 민주화를 이루어야 하는
최초의 공개 단체인 민주화운동청년연합회의 창립일에 맞추어서 오월
광주의 희망과 사랑의 메시지를 그림으로 그려내야 할 임무가 나에게
주어진 것이다.

창립식은 광주 YMCA 무진관에서 오후 6시에 거행될 예정이었다. 나는
이날 오전까지 스케치조차 못했다. 지도부는 여러 차례 확인 전화를
했다. 오월 광주를 상징하는 두 개의 형상은 광주를 지키기 위해 총을 든
시민군 아저씨와 광주에 밥상 공동체를 만든 주먹밥 아줌마로 잡았다.
이 상징적인 두 형상을 중심으로 스케치를 했다. 다시 걸려온 지도부의
전화에 나는 약 2시간 후에 완성된다고 말하고는 도와 줄 사람을 급히
보내 달라고 했다.

얼마 뒤 광주민주화운동권의 막내격인 신영일이 뛰어왔다. 스케치를
원판에 전사한 뒤 즉시 조각도로 파내기 시작했다. 신영일도 함께
조각도를 들고 도와주었다. 판화가 완성되자 미리 준비한 깃발 천에
찍고 페인트로 '광주전남 민주화운동청년연합회'라고 글씨를 써 넣었다.
깃발은 담양에서 직접 베어 온 대나무 죽창에 매달았다. 창립식에 선보일
깃발이 완성된 것이다. 그리고 한지에 판화 10장을 찍어서 창립식
현장에서 판매하도록 했다. 정말 번갯불에 콩 볶듯이 판화를 완성한
셈이다. 신영일이 완성된 판화를 들고 달려 간 뒤에야 나는 겨우 한숨을
돌렸다. 그제야 막 완성한 〈대동세상-1〉을 벽에 붙여놓고 비로소 찬찬히
바라볼 수 있었다.

"아! 저 그림은 실패다. 시간이 없어 급하게 제작했다는 변명은 창작의
세계에서 통하지 않는다."

五月 26 | 대동세상-1

정말 아쉬운 순간이었다.
그날 밤 늦게 소설가 황석영 선생으로부터 전화가 왔다.

"야! 담아! 오늘 창립식에 갔는데, 네 판화가 너무 좋더라!
오월 광주는 바로 그거야! 이번 판화는 너에게 새로운 그림 인생을 만들어
줄 것 같아!"

나는 전화를 끊고 다시 작업실로 달려가서 오늘 제작한 판화를 바라보았다.
황석영 선생의 이야기를 떠올리며 밤새도록 〈대동세상-1〉을
바라보았지만 도무지 어떤 점을 좋다고 말하는지 알 수 없었다.

그 후 〈대동세상-1〉은 민주화운동청년연합회 기관지 표지 그림으로
실려서 세상에 알려졌다. 그동안 운동권에서 발행하는 회보나 기관지의
표지는 탈춤 대동굿 그림, 또는 민중의 얼굴을 그린 그림이 대부분이었다면,
총을 든 광주 시민군의 그림은 최초인 셈이었다. 이 판화 그림에 대한
반응은 거의 폭발적이었다. 전국에서 그림을 보내 달라는 요청이 쇄도했다.

사람들은 오월 광주를 희망과 승리의 시선으로 바라보기 시작했다. 국내
문화 운동의 방향도 승리와 희망의 관점으로 바라보는 변화가 일어났다.
그동안 수세적인 관점을 가지고 있던 민주화 운동도 공격적이고
투쟁적인 관점을 가지기 시작했다. 〈대동세상-1〉 판화 그림이 정세를
그렇게 이끌어갔다는 것이 아니라 당시 열정적인 민중들의 요구가
판화에 적절하게 잘 표현된 것이리라.

그리고 나는 몇 년이 더 지나서야 황석영 선생이 이 판화 그림에 대해
과하게 칭찬했던 의미를 이해할 수 있었다.

11.

〈대동세상-1〉은 한 번 작업할 때마다 100장 단위로 찍었다. 화가로서는
부끄러운 이야기지만 당시 나는 판화에 이니셜 넘버링을 해야 하는
것도 잘 몰랐다. 아니, 그것을 아예 포기했다는 편이 맞다. 1980년대
내내 〈대동세상-1〉은 수천 장을 찍어 국내외로 뿌렸다. 그렇게 판매된
수익금은 모두 광주의 민주화 운동을 위한 활동 기금으로 사용되었다.
아마 한국 판화 역사상 가장 많이 인쇄된 판화로 기록될지도 모른다.
이미 1987년 이후엔 이 판화 원판이 닳아져서 제대로 찍혀지질 않았다.
그래서 광주의 민주화 활동 기금을 만들기 위해 마지막으로 실크
프린트로 2천 장을 찍었지만 아쉽게도 단 한 장도 남김없이 경찰에게
압수당하고 말았다.

어느 단체에서 기금 마련을 위해 이 판화가 필요하다고 요청하면, 내가
너무 바쁜 나머지 도저히 찍을 시간이 없을 때는 아예 원판과 내 낙관을
건네주고 마음껏 찍어서 사용하라고 했다.

12.

〈대동세상-1〉 작업 이후부터는 사람들이 '홍성담의 다음 판화 작업에는

과연 무슨 내용이 새겨져 있을까'라며 나의 오월판화에 대해 관심을 갖기
시작했다.

이어서 내놓은 판화가 〈대동세상-2〉였다. 이 판화는 걸개 그림의 양식인
상계, 중계, 하계를 동시에 그려내는 복합 구성으로 그렸다. 보통 판화가
단편적인 내용을 하나의 컷으로 한다면 이 그림은 오월 광주의 여러 가지
광경을 하나의 그림에 중층적으로 담은 것이다.

건물 옥상에는 오월문화선전대의 활동이 그려졌다. 이때부터 오월
항쟁에 직접 참여했던 사람들의 실제 모습이 본격적으로 내 그림 안으로
들어오기 시작했다. 김정희, 김태종, 김윤기, 정향자, 홍희담 등이 그림의
여러 장면에 각자 자리를 잡았고, 역시 어깨에 총을 메고 플래카드를
쓰는 내 모습도 눈에 띈다. 그림 중앙부엔 주먹밥을 가운데 두고 밥상
공동체가 이루어지는 반면에 그림 좌우편에는 총을 들고 나가 싸우자는
사람들과 이제 그만 총을 놓고 집으로 돌아가겠다는 사람들이 갈등을
빚고 있다.

그 때 민중미술평론가의 길을 열심히 걷고 있던 최열이 말했다.

"형! 이왕에 제작하는 오월판화들을 모아서 오월항쟁 열흘 동안
시간대별로 순서를 정해 엮어서 오월에 관한 연작 판화를 만드는 것이
좋겠는데!"

나의 능력으로는 힘겨운 일이었다. 그리고 판화를 더 오래 하고 싶지도
않았다. 나는 하루라도 빨리 전공인 회화로 되돌아가서 그동안 바쁘다는
핑계로 못 그린 그림을 그리고 싶었다.

13.
그동안 제작한 오월판화들을 정리할 기회가 자연스럽게 찾아왔다.

1986년 늦가을에 김정환 시인이 '해방판화시(解放版畵詩)'라는 제목으로
내 오월판화와 자신의 시를 책으로 출판하자는 제안을 해 왔다.

그동안 제작한 오월판화들에서 몇 점 선택하더라도 다시 십여 점
정도는 새롭게 제작을 해야 비로소 책이 될 것 같았다. 그러나 급하게
제작하려니 바쁜 광주에서는 작업에 집중할 수가 없었다.
해남의 지인에게 부탁하여 보름 동안 숨어서 비밀리에 오월판화를
제작할 수 있는 지원을 받았다. 지인이 손님 접대를 위해서 자주
사용하는 해남읍의 오래된 여관의 큰 방을 얻을 수 있었다. 밥 먹고
잠자는 시간 외에는 모두 작업에만 몰두했다. 세상에 태어나서 처음으로
그림에만 집중하는 시간을 갖게 된 것이다. 이 작업은 오월판화가
연작으로 가는 중요한 계기가 되었다.
오월 연작 판화 탄생의 시초는 해남 지인의 지원에 힘입은 바가 아주
컸다. 그런데 나는 오랫동안 그에게 감사 인사조차 전하지 못했다.
혹시라도 이런 일 때문에 그에게 당국의 탄압이 미칠까 하는 우려
때문이었다. 1986년이면 CA사건으로 전국이 가혹한 탄압이 있던

때였다. 이러한 탄압은 결국 그 이듬해 박종철 고문치사사건까지
이어졌다.
그로부터 10여 년 후에 그와 함께 술상을 맞이할 기회가 있었다. 그가
귓속말로 나에게 속삭였다.

"등잔 밑이 어둡다는 말이 있잖아! 그 여관 기억하지? 홍 화백이
작업하던 방의 바로 옆방이 안기부 지역 파견관이 이용하던 방이었어.
그래서 네가 안전하게 그림 작업을 할 수 있었던 거야!"

그의 도움과 지원이 없었다면 오월 연작 판화는 만들어지지 않았을
것이다. 그는 현재 해남에 문화재단을 설립하고 미술관을 개관하여 해남
문화 발전에 상당한 노력을 기울이고 있다.

14.
해남에서 제작한 오월판화 중에는 〈전태일 열사도〉와 〈김경숙 열사도〉가
있다.
오월항쟁의 중심인물 중의 한 사람인 윤상원 열사의 모습을 새기면서
자연스럽게 들불야학과 투사회보를 그려야 한다고 생각했다. 그리고
내가 직접 체험한 열흘 간의 항쟁에 대한 기억을 새삼스럽게 더듬어
보았다. 오월항쟁에서 '투사회보'는 굉장히 중요한 역할을 했다.
대한민국의 모든 언론이 광주를 폭도들의 세상이라고 말할 때, 시민에게
광주의 진실을 알려주는 언론의 역할을 했다. 당시 노동야학이었던
들불야학을 중심으로 투사회보가 발행되어 광주 시내 곳곳에 뿌려졌다.
시내에서 그것도 백주대낮에 벌어지는 학살의 소식을 전해주면서
광주를 지키기 위해 모든 시민이 나설 것을 호소했다. 특히 광천동
빈민가에서 주민운동을 하던 이들과 '들불노동야학' 사람들이 27일
도청 시민군본부에서 최후를 함께했다. 마지막까지 도청 본부를

전태일 열사도

이제부터 어머니의 약값은 누가
댈것이며 동생의 학비는 누가 보탤것인
가

지키던 시민군의 대다수도 노동자들이었다. 그들은 결과적으로 전태일 열사의 정신을 계승했던 것이다. 그리고 1979년 8월 'YH 사건' 당시에 경찰에 의해 죽임을 당했던 광주 출신의 김경숙 열사가 있다. 그들 모두 오월항쟁과 직간접적으로 연결되어 있다는 의미에서 오월판화에 넣어 1986년에 '해방판화시집'을 출판했다. 그런데 1989년에 '오월항쟁 연작판화-새벽'을 발간하면서 그 두 개의 작품을 따로 빼어 아껴두었다. 곧 이어서 '노동판화 연작'을 묶게 되면 김경숙, 전태일 열사도를 넣어 구성하리라고 생각했지만 그해 여름에 내가 체포되어 3년간 감옥살이를 하게 되면서 그 계획은 영원히 무산되어 버렸다.

광주오월시민군 대변인으로 27일 새벽에 장렬하게 전사했던 윤상원 열사는 전남대를 졸업하고 금융인으로 직장 생활을 하다가 다시 광주로 돌아와서 노동운동과 야학운동을 했다. 또한 오월항쟁 기간 동안 문화선전대 역할을 했던 YMCA 소속 극단 '광대'의 대표를 맡았다. 그가 도청시민군 본부에서 26일 저녁 8시 무렵에 그날이 마지막 밤이 될 것이라는 사실을 감지한 뒤, 여성과 중고교생들을 모아놓고 집으로 돌아가서 목숨을 보전하라고 한 연설은 지금도 우리의 가슴을 서늘하게 만든다.

"여러분! 우리에게 도청 본부를 맡겨 두시고 여러분들은 즉시 안전하게 집으로 돌아가십시오. 그리고 마지막까지 도청에 남은 우리를 기억하십시오. 누군가는 살아있어야 합니다. 그리고 오늘 밤을 기록해 두었다가 많은 사람들에게 알려 주십시오!"

여성들과 중고교생들은 죽음으로 함께 도청을 지키겠다고 소리쳤다. 서로서로 껴안고 흐느껴 울었다. 윤상원의 거듭된 호소에 결국 그들은 도청을 빠져나와 집을 향해 무거운 발걸음을 옮겼다. 그들을 돌려보내고 도청에 남은 시민군들은 이제 편안한 마음으로 곧

다가올 최후를 준비했다.

15.

〈투사회보-1〉는 광천동 성당에 둥지를 튼 들불야학 교실에서 무거운
커튼을 치고 참혹한 광주학살의 진실이 실린 투사회보를 등사기로
찍어내는 광경을 그렸다. 시내 곳곳은 계엄군들의 총칼로부터 안전한
곳이 없었다. 간혹 먼 곳에서 민주주의를 외치는 함성이 들리고 곧 이어
학살의 총소리가 들리는 그야말로 일촉즉발의 순간이었다. 골목에서
들리는 발자국 소리에도 멈칫하면서 슬그머니 커튼을 젖히고 밖의
상황을 조심스레 살펴야 했다. 방금 인쇄된 투사회보 꾸러미를 들고
밖으로 나갈 준비를 하는 인물은 전용호의 모습이다. 그는 전남대
탈춤반 출신으로 들불야학에서 강학으로 활동했으며 오월항쟁 이후
광주문화운동을 조직하고 이끌었다.

16.

해남에서 제작한 오월판화 중에서 가장 특별한 그림은
〈도청궐기대회〉다.

5월 18일부터 시작된 계엄군에 의한 잔혹한 학살은 19일에는 헬기와
장갑차가 동원되고, 5월 21일 정오를 기해 계엄군들의 무자비한 발포로
인해 그 공포는 극에 달했다. 광주를 지키기 위해 무장한 시민군들과
공방전을 벌인 계엄군은 21일 야밤에 도망을 쳐 광주에서 빠져나갔다.
계엄군의 학살로부터 광주를 지킨 시민들은 22일부터 매일 오후 2시에
도청광장에 모여서 궐기대회를 열었다. 수많은 시민들이 광장 분수대에
올라가 자신들이 직접 겪었던 잔혹한 학살 광경을 떠올리며 증언했다.
향후 광주의 모든 일은 이곳에 다같이 모여 의견을 제시하고 결정했다.
시민들이 만들어낸 직접 민주주의의 대동세상이 열린 것이다.
판화 〈도청궐기대회〉는 도청광장 집회의 단편을 그렸다.
그림 한쪽에 깡통을 앞에 놓고 구걸하는 걸인이 등장한다. 사람이 많이
모이는 곳에는 걸인이 빠지지 않는다. 그리고 저 멀리 발언하는 사람을
손가락으로 가리키며 걸인에게 말을 건네는 사람이 있다.

"이 양반아! 지금이 어떤 시국인지나 알고 나왔어? 오늘도 당신이 제일
먼저 자리를 폈네잉!"
인파 너머로 좀 더 잘 보려고 자전거 위에 올라가서 구경하는 사람이
시민들과 함께 구호를 외치다가 뒤로 넘어지는 순간도 있다. 그것을
보고 낄낄대는 사람도 있다. 교통사고로 다리를 다쳐 근처 병원에
입원했던 사람도 목발을 짚고 나와서 구호를 외친다. 그를 바라보는
동네 건달 하나가 "어? 육갑하네!"라며 딴지를 건다. 짜장면 배달부는
집회를 구경하느라 면발이 불어터지는 줄도 모른다. 이렇게 사람들이
많이 모인 곳에서는 엄마의 손목을 놓치고 엉엉 우는 어린이가 종종
발생하기 마련이다. 그림 한가운데, 엉큼한 남자가 여성의 엉덩이를 몰래
성추행하다가 걸려서 욕설을 얻어먹고 있다.
그렇다. 대동세상을 열기 위해서는 이런 모든 사람들이 다 함께할 때만이
가능하다. 이중에서 누구 한 사람이라도 빠진다면 우리들이 바라는
아름다운 세상의 문은 열리지 않는다.
계엄군의 학살로부터 해방된 오월광주는 이렇게 기쁘고 황홀한
세상이었다.

17.
오월판화 중에서 사람들이 가장 좋아하는 그림은 〈횃불행진〉이다.
광주오월항쟁 열흘 동안 가장 감격적인 장면은 16일의 횃불행진이었다.
도청광장에서 '민주화대성회'를 끝내고 시민들이 횃불행진을 했다.
그때까지만 해도 우리는 평화롭게 집회를 끝내고 자진 해산하여
도청광장에서 산수동 오거리를 지나 광주 시내를 크게 한 바퀴 도는
횃불행진을 했다. 행진 대열의 끝이 보이지 않았다. 대열은 지극히
엄숙했다. 천천히 걸음을 떼면서 애국가, 아리랑, 우리의 소원, 아침이슬,
내게 강 같은 평화 등의 노래를 낮은 목소리로 불렀다. 이들의 모습은
엄숙하다 못해 경건했다. 광주가 신군부의 권력욕망에 희생 제물로

바쳐진다는 것을 스스로 예감했던 걸까. 때로는 노래 소리보다 횃불
타는 소리가 더 크게 들리기도 했다. 나는 최근까지도 수많은 집회나
시위에 참여했다. 2002년 '효순이 미선이' 사건의 진상규명을 위해서
모인 시민들이 광화문 광장을 촛불로 덮었다. 2008년 광우병 사태
촛불집회 때는 서울시청과 광화문을 촛불로 밝혔다. 2016년 박근혜
탄핵 촛불집회는 연인원 약 1천5백만 명이 광화문에서 청와대를 거쳐
다시 헌법재판소로, 그리고 여의도에서도 행진을 했다. 그러나 시대와
세대가 변화된 탓일까. 확실히 1980년 오월광주 횃불집회와는 분위기나
성격이 전혀 달랐다. 오월의 횃불집회가 결의에 가득한 유장함이 무겁게
드리워져 있었다면, 최근의 촛불집회는 각종 놀이문화와 온갖 볼거리와
즐거운 유머와 자유스러운 분위기가 마음껏 펼쳐지는 장마당 같다.
나는 지금까지 1980년 오월광주 횃불집회보다 더 웅장한 광경을 본
적이 없다. 이집트의 피라미드나 중국의 만리장성도, 만년설에 쌓인
히말라야도, 노르웨이의 피요르 해안도. 얼음의 세상 북극의 풍경도 오월
횃불행진만큼 웅장하지 않았다. 그러나 횃불집회에서 들었던 그 웅장한
소리의 환청을 대자연에서 딱 한 번 느낀 적이 있었다. 늦가을에 호주

멜버른에서 남동부 해안가를 따라 그레이트 오션로드(Great Ocean Road)라는
아름다운 길을 승용차로 2시간가량 달리면 높은 절벽 고갯길에서
어마어마하게 길고 넓은 모래해안을 내려다볼 수 있다. 그곳에 서면
태평양의 검푸른 바다가 끝도 없이 만들어내는 하얀 파도가 일제히
밀려오는 광경이 까마득하게 보인다. 저 아래서 들려오는 바닷바람과
파도소리 때문일까. 저 길고도 긴 모래해안과 하얀 파도와 검푸른 바다가
내 앞에서 갑자기 수직으로 일어설 것만 같아서 다리가 후들거렸다.
나는 그곳에서 1980년 오월광주 당시의 시민들이 횃불행진을 하면서
나지막하게 웅얼거리는 노랫소리를 환청으로 들었다.
'내게 강 같은 사랑, 내게 산 같은 믿음, 내게 바다 같은 사랑 넘치네.'

우리는 행렬 속에서 함께 걸으며 광주를 끝까지 지킬 것이라고 맹세했다.
함께 횃불을 밝히고 길을 걷는 것만으로도 우리는 피를 나누는 형제가
되었다. 광주공동체와 자유를 위해서 죽음이라도 내걸고 끝까지
지키리라 약속했다. 앞도 뒤도 보이지 않는 깊은 어둠이 내린 거리에
행렬의 시작과 끝이 보이지 않는 횃불행진은 말 그대로 장엄이었다.

18.
오월광주 연작판화 중에서 가장 주목도가 약한 그림이 '춤시리즈'로 그린
〈칼춤〉과 〈낫춤〉이다. 그러나 정작 내가 좋아하는 두 개의 작품이기도
하다.
작가 본인이 아끼고 좋아하는 작품이 대중에게 주목받지 못하는 일은
예술 창작에서는 흔한 일이다.

광주를 포함한 전라도 지역은 1970년대의 산업화시기에 소외를 받았다.
농업이 지역경제의 중요한 역할을 담당할 수밖에 없었다. 특히 광주의
경제는 장성, 담양, 화순, 승주, 나주, 함평, 무안 등의 농촌을 기반으로

이루어진 셈이었다. 도시의 골목마다 농촌에서 유학 온 학생들의
자취방으로 가득했다. 시골엔 부부만 남아서 농사를 짓고 아이들은
모두 광주로 전학을 시켜서 할머니가 밥을 해주는 자취생들도 많았다.
가을걷이가 끝나면 고향에서 보내온 곡식이나 반찬거리를 담 너머로
서로 나누는 광경은 흔한 모습이었다. 그래서 대부분의 주택가는
농촌공동체의 잔영이 깊게 남아 있었다.

반면에 부산이나 마산은 산업화 시대 노동시장을 찾아 대한민국
팔도에서 모여든 사람들로 이루어졌다. 당시엔 제대로 된 노동조합도
거의 없었다는 것을 감안하면 도시공동체가 해체 직전에 있었던 것이다.
1989년 10월에 발생한 '부마항쟁'이 계엄군들의 폭력에 의해 단
이틀만에 진압되었던 일의 원인을 나는 이 도시공동체의 해체에서
찾는다.

1980년 5월 18일 0시를 기해서 광주에 확대계엄령이 선포되고
전남대학교와 조선대학교에 군인들이 진주했다. 그날 아침에 전남대
학생들이 도서관에 들어가려다가 출입을 못하게 막아선 계엄군과 접전을
벌인다. 심하게 부상을 당한 학생들이 시내로 쏟아져 나오자 그것을 본
시민들이 외쳤다.

"이러다가 소중한 우리 자식들이 다 죽겠다. 자식들을 위해서 어른들이
일어나 저 무자비한 계엄군을 쫓아내야 한다!"
'우리 자식들'이라는 표현에서 나는 농촌공동체의 잔영을 읽는다.
'낫'은 농촌에서 가장 필요한 도구이면서 때로는 자신들의 공동체를
파괴하려는 적에게 저항하는 최소한의 무기로 작동한다.
시인 김수영이 노래했던가. '바람보다 먼저 누운 풀잎'처럼 땅과 하나
되어 누워 있던 농민이 탈춤의 외사위 몸짓으로 천천히 태산처럼
일어서는 모습을 그린 것이 판화 〈낫춤〉이다. 왼손에 든 '낫'이 적의
가슴팍을 향하고, 오른손은 시푸른 '낫날'을 잡고 있다. 얼마나 힘을 주어

五月 44 | 낫춤

잡았던지 낫날에 자신의 검지손가락 첫마디가 잘려 바닥에 떨어져 있다.
주인공의 양손에 든 두 개의 낫이, 하나는 적에게 향하는 분노라면 다른
하나는 내 자신에 대한 자기성찰의 냉엄함이다.
영혼과 육신이 한 몸 안에 들어있듯이, 저항과 명상도 함께 존재할
때만이 세상의 변혁은 가능하다.
농촌 공동체가 겉보기에는 강력한 가부장제를 근간으로 만들어진 시스템
같지만, 그 속을 자세하게 들여다보면 가부장제는 허상일 뿐이고 사실상
여성을 중심으로 일 년 사시사철 물샐 틈 없이 순환되는 공동체이다.
오월항쟁도 여성들이 도시공동체를 엮어냈다. 그녀들의 활동은 단지
시내 여기저기 솥을 걸고 주먹밥을 만들어 시민들에게 제공했던 것만이
아니다. 죽음의 길을 달리는 차 위에서 가두방송을 했고, 계엄군의
조준사격에 총알을 맞아 하얀 뇌가 쏟아지는 부상자를 안고 병원으로
뛰어갔다. 그리고 일부 여성은 직접 총을 메고 시민군들을 단합시키면서
투쟁을 독려했다.
〈칼춤〉에서 여성 주인공은 자진굿거리 장단에 살풀이춤을 추고 있다.
하얀 명주 수건 대신에 오른손은 칼자루를 잡아 짧게 긋고 있고, 다른 한

152

손으로는 칼날을 지그시 잡아 머리 위로 올리고 있다.

〈깃발춤〉은 오월연작판화 중에서 맨 끝을 막음하는 작품이다.
광주학살과 같은 국가폭력은 한반도 분단으로부터 비롯된 것임을 우리는
오월광주를 통해서 통렬하게 깨닫게 되었다. 대한민국에서 숨 쉬는
독재의 유산은 모두 한반도가 갈라진 분단의 틈에 빨대를 꽂고 있다.
그래서 오월광주의 교훈은 한반도 통일운동 또는 분단제거 운동으로
발전해야 한다는 메시지다.

오월연작판화의 '춤 시리즈'는 이후 마당극에 등장하는 춤에도 영향을
미쳤다. 당시 대학가나 시중에 공연되는 마당극의 중요한 춤사위 연출에
낫춤, 죽창춤, 총춤, 깃발춤 등이 만들어지기 시작했다.

19.
광주는 어머니 품처럼 인자하게 무유등등(無有等等)한 무등산을
주산(主山)으로 삼아 명당으로 내려오는 주맥(主脈)을 조선대학교의

거대한 하얀 본관 건물이 누르고 있다. 그리고 지산동 주택가를 지나
서석동으로 내려와서 도청광장을 만들었다. 광장에서 왼쪽으로 광주천이
흐르고 천변에 매춘을 포함한 유흥지역인 황금동이 자리를 잡았다.
금남로와 충장로에서 시위를 하다가 계엄군에게 쫓기는 청년들이
황금동 술집으로 숨어들기도 했다. 매춘 여성들이 청년을 체포하려는
계엄군들을 막아서다가 수없이 머리채를 잡히고 소총 개머리판에
얻어터지며 끌려가기도 했다.

시내 큰 병원은 부상자들로 발 디딜 틈이 없었다. 영안실은 시민들의
시신으로 가득했고, 칼과 총에 찢긴 상처에서 쏟아낸 피가 병원 복도에
홍건했다. 수많은 부상자 때문에 병원 수술실은 피가 턱없이 부족했다.
피가 부족하다는 소식을 듣고 헌혈하러 온 시민들의 행렬이 병원마다
장사진을 이루었다. 누군가가 헌혈을 하려고 늘어선 줄 중간쯤에 화장을
진하게 한 여성들을 보고 '당신들은 헌혈하기에 적당치 않다'며 그냥
집으로 돌아갈 것을 요구했다. 서로 말싸움이 오고갔다. 그중 한 여성이
갑자기 병원 앞 화단에 올라서서 외쳤다.

"광주에서 우리의 품에 안기지 않았던 남자가 한 명도 없을 것이다. 그
젊은이들이 악마 같은 계엄군들에 의해서 붉은 피를 토하며 죽어가고
있다. 이제 그들에게 되돌려 주고 싶다. 우리 매춘부의 피는 당신들과
다르다더냐? 우리 몸에도 당신들과 똑같은 붉은 피가 흐르고 있다"

헌혈하려고 줄을 섰던 시민들이 그 여성들을 향해 환호성을 지르며
박수를 쳤다. 모두 한마음이 되었다.

판화 〈황금동전투〉에서 그 여성들의 오월투쟁의 단편을 기록하였다.

20.
1980년대 전반기는 전두환 철권 통치에 의해서 대한민국의 민주주의는
온통 파괴되었다. 감히 어느 누구도 살인마 전두환 정권을 공개적으로
비판하지 못했다. 광주도 역시 유가족과 소수의 사람들만이 광주학살의
진상규명을 위해 비밀스럽게 움직였다.

1980년 오월항쟁 직후인 5월 30일 김의기 열사가 종로5가 기독교회관 6층에서 광주학살의 진상규명을 부르짖으며 투신했다. 6월 9일 김종태 열사가 광주학살의 의분을 호소하는 전단을 뿌리며 분신했다. 김태훈 열사가 1981년 5월 27일 서울대학교 도서관 6층에서 '전두환 물러가라'는 구호를 외치며 투신했다. 붉은 피가 낭자한 그의 시신 위로 헤아릴 수 없이 많은 최루탄이 쏟아졌다. 박관현 열사가 1982년 10월 12일 광주교도소에서 단식투쟁 중에 사망했다. 1985년 10월 21일 송광영 열사가 '광주학살 책임지고 전두환은 물러가라'는 구호를 외치며 분신 사망했다. 홍기일 열사, 이동수 열사, 박태영 열사, 조성만 열사, 박래전 열사 등 수많은 사람들이 자신의 몸을 분연히 던져 민주주의와 광주진상규명을 외치며 죽어갔다. 또 강제징집이나 고문으로 많은 사람들이 운명을 달리했다.

이렇게 죽어간 수많은 열사들의 영정을 그리는 것만도 날마다 작업량이 가득할 정도였다. 이 억울하고 분통한 죽음의 행진이 언제쯤 끝날 것인가. 판화 〈흐르는 물이야〉는 죽음에서 죽음으로 윤회하는 수레바퀴를 열사들의 몸을 엮어 둥글게 그렸다. 그렇게 아득한 새벽을 향해 굴러가는 역사의 수레바퀴를 표현한 것이다. 그리고 작품의 중심에는 물(水)을, 열사들의 가장자리는 불(火)을 그렸다. 이 물과 불이 탁월한 차원에서 통합되어야 저 죽음의 행진이 멈추는 새로운 세상이 온다고…….

이 그림은 1980년대에 제작했던 190여 점의 판화 중에서 내가 가장 좋아하는 판화다. 그러나 작가인 나 외에는 아무도 별 관심을 보이지 않았던 작품이기도 하다.

21.

오월연작판화는 치밀한 계획에 의해서 제작되었던 것이 아니다. 1980년 이후 광주학살의 진상규명운동이나 민주화운동의 진행 과정에

따라 그때그때 쓰임새에 의해서 제작되었다. 즉 오월광주 열흘 간의
항쟁과정을 분석하며 그림의 순서를 구상하고 계획을 세운 뒤에 제작된
것이 아니라, 당시의 쓰임새에 따라서 '중구난방'으로 창작되었다.
오월연작판화 중에서 〈사시사철〉 시리즈는 1985년에 발표한 그림이다.
1985년쯤이면 민주화 운동권 내부에서 이념투쟁이 극심했던 시기로
기억된다. 누구나 책 몇 권, 팸플릿 몇 장 읽고서 마르크스나 레닌
행세를 하던 시기였다. 그만큼 교조주의와 근본주의가 판을 쳤다. 좋게
말하면 우리가 만들어야 할 세상에 대해 모색하고 그 이념을 찾아가는
과정이기도 했다. 이것을 두고 사회변혁을 꿈꾸는 모든 사람들이 들뜬
토론을 했다. 나도 역시 오월광주를 중심에 두고 잠시 고민에 빠졌다.
저 참혹한 학살을 견딘 오월은 미래를 위해서 무엇을 꿈꾸어야 할까.
오월광주에서 우리들이 만들어낼 사상과 이념은 무엇일까. 그것을
그림으로 표현할 수는 없을까.
이러한 과제를 화두로 삼아 제작된 그림이 판화 〈사시사철〉 시리즈다.
사계절의 순환과정을 통해서 하늘과 땅의 이치, 그리고 생산과 공동체의
관계, 영혼과 육신의 관계, 저항과 자기성찰의 문제 등에 관하여

복합구성 형식으로 그려낸 판화다.

이 판화를 〈봄〉, 〈여름〉, 〈가을〉 순으로 발표하자 주변에서 많은 비판들이
쏟아졌다. 특히 레닌이나 마르크스 행세를 하며 사회주의 리얼리즘을 잘못
이해한 사람들은 기어코 문화예술까지도 특정 이데올로기에 의해서 자신이
직접 지도를 해야 한다는 오만과 강박에 젖어 있었다.

'요즘 홍성담의 판화가 점점 관념주의에 빠지고 있다'고 비판하면서 다시
현실로 돌아올 것을 촉구했다. 내가 지도자연 하는 그들에게 기어코 예술
지도를 받게 된 것이다.

속이 상한 나는 〈겨울〉을 완성하지 못하고 사시사철을 미완으로 남겨두고
말았다. 물론 조각도로 한나절 파내면 판화 〈겨울〉이 완성되겠지만,
사시사철을 미완으로 남겨서 지난 시기 우리들의 내부 투쟁의 상처를
기념하고 싶었다.

훗날 사람들이 사시사철에 〈겨울〉이 왜 없느냐고 물을 때마다 이런 복잡한
사연들을 설명하는 것이 귀찮아서 그냥 웃음으로만 대답했다.

누군가는 이렇게 예측하기도 했다.

'겨울! 얼마나 춥고 힘든 동토의 땅인가. 이 고통스러움을 표현한다는 것이
너무 소름끼쳐서 그만 〈겨울〉을 없애버린 것인가.'

1987년 여름에서 가을로 넘어가는 어느 날, 매미 울음소리가 요란하게 들리는
정릉 계곡의 술집이었다. 미술평론가 원동석 선생이 가방에서 꼬깃꼬깃한
리플릿 한 장을 펴더니 나에게 물었다.

"담이! 요 판화는 언제 맨들었는공?"

리플릿에 컷으로 사용한 〈사시사철〉 시리즈 판화가 눈에 들어왔다.

"아마…… 1985년작이 아닌가 싶어요."

"그때, 자네 나이가 몇 살이었던공?"

"그러니까…… 서른 살쯤 되었을 턴디잉……."

원동석 선생이 무엇인가 깊이 생각하다가 그냥 지나가는 말투로 한마디 했다.

"허허, 그 나이에 역사와 자연의 순환과정에 운우지정(雲雨之情)을 얹어서
그림을 그렸단 말인가잉."
당시에 나는 원동석 선생의 그 짧은 말씀이 무슨 뜻인지 이해를 할 수
없었다. 세월이 훨씬 지난 뒤에 어느 전시회에 걸려있는 판화 〈사시사철〉
시리즈를 바라보다가 문득 원동석 선생의 그 이야기를 새삼스럽게
기억했다.

1989년 2월에 오월연작판화를 50점으로 묶어 출간하면서 이 사시사철
시리즈는 오월연작판화의 맨 뒷장에 두어 에필로그의 역할을 하도록
배열했다.

22.

우리 광주 문화운동은 오월항쟁 직후에 다시 새롭게 출발하면서 2가지의
슬로건을 걸었다.

'오월광주의 전한반도화! 전한반도를 오월로!'

오월광주는 1987년 6월 시민항쟁으로 직진했다.
그래서 나는 진상규명이나 책임자 처벌과 상관없이 오월광주는 6월
시민항쟁으로 1차적인 완성을 이루었다고 생각했다. 시민항쟁 기간 동안
전국의 주요 도시들은 시민들에 의해서 광장과 거리에 '작은 광주'라고
할 수 있는 대동세상을 잠시라도 만들어질 수 있었다.
그러나 6월 시민항쟁으로 직선제 개헌을 쟁취했지만, 야권의 분열
때문에 신군부의 2인자인 노태우가 정권을 차지하고 말았다.
그리고 민주화운동 진영은 점점 대중의 지지를 잃어버리게 되었다.
광주 민주화운동 진영도 해야 할 일은 산더미 같았지만 전체적인 역량은
분열되고 또한 경제적으로도 몹시 어려운 처지에 빠지기 시작했다.

나 역시 똑같은 문제로 갈등하고 있었다.

이제 하나둘 주변 정리를 하면서 자기성찰의 고달픈 시기로 들어가야
할 때였다. 마지막 활동 기금 마련을 위해 당시 광주 전체 민주화운동
진영의 컨트롤타워 격인 '전남사회문제연구소' 편으로 오월연작판화를
제책하여 한정판을 50권만 만들기로 했다. 책의 제목은《오월민중항쟁
홍성담판화집-새벽》이라고 정했다. 지금까지 내가 제작한 오월 관련
판화들을 모아서 연결해 보았다. 중요한 몇 가지 에피소드를 아직 판화로
만들어내지 못하고 있었다. 그래서 나는 즉시 며칠간 작업장에 틀어박혀
남은 에피소드를 조각도로 파기 시작했다. '이제 이것만 완성하면 내
미술인생에서 판화는 영원히 다루지 않을 것이다'라는 기쁜 생각에
피곤한 줄도 모르고 밤을 새워 판화를 만들었다.

이때 만들어진 판화 중에 〈불〉이라는 작품은 분노한 시민들이 광주
MBC 방송사를 불태우는 장면이다. 당시 나는 불에 타는 방송사를
시민들 속에 섞여 바라보고 있었다. 광주 전역에서 계엄군에 의해 처참한
학살이 자행되는 상황에서 언론과 방송은 이를 온통 폭도들의 시위로
폄하하였다. 시민들은 시내에서 가장 가까운 MBC 방송사 빌딩 앞으로
몰려갔다. '광주에서 벌어지고 있는 학살에 대해 당장 뉴스로 사실
보도를 해 달라'고 요구하며 방송사 앞에서 연좌농성을 했지만 아무리
기다려도 사실 보도는 나오지 않았다. 분노한 시민들이 방송사를 향해
화염병을 던졌다. 곧 검은 연기를 내뿜으며 타오르기 시작했다. 불이 옆
건물 가전제품 가게로 옮겨 붙으려 하자, 그 와중에도 시민들이 가게로
들어가 가전제품들을 조심스럽게 들고 나와 거리 한 켠에 쌓아두고 가게
주인과 함께 보호해 주었다.

성난 군중은 왜 불을 지르는가. 군중과 불은 어떤 상관관계를 갖고
있는가.

시내 중심에 있던 MBC 방송사를 휩쓰는 불길은 본격적인 시위를
알리는 일종의 봉화와 같은 의미였다. 큰 불꽃이 하늘로 솟았다. 꽉

막힌 시민들의 가슴을 한순간에 틔워주는 불꽃이었다. 거대한 불꽃이
날름거리며 솟아오를 때마다 시민들의 분노한 얼굴도 붉게 달아올랐다.
이제부터 광주 시민들의 분노는 그 어떤 힘으로도 멈추게 할 수 없었다.

1983년에 광주 MBC 기자로 입사한 최영준은 2014년에 사장으로
취임하면서 판화 〈불〉을 편집국 벽면에 걸어놓은 뒤, 직원들을 모아놓고
다음과 같이 일갈했다.
"광주 MBC가 진실을 보도하지 못하면 언제든지 시민들에 의해서 또
다시 불길에 던져질 것임을 명심하도록!"

23.
21일 정오 무렵부터 시작된 계엄군들의 발포로 금남로는 피바다가
되었다. 또한 도청 주변의 높은 빌딩 옥상에서 행해진 시민들을 향한
조준 사격은 치명적이었다. M16의 강력한 총알에 시민들의 머리가
뜯겨져 나갔다. 총알을 맞은 가슴은 살점과 창자가 뒤섞여 아스팔트 위에

널브러졌다. 하늘의 헬기에서도 방아쇠를 당겼다. 구호를 외치던 바로
옆 동료가 피를 쏟으며 외마디 비명조차 지르지 못하고 쓰러졌다. 총알이
어디서 날아오는지 분간할 수도 없었다. 그것을 본 시민들은 나주, 화순
등의 예비군 무기고에서 총을 꺼내어 무장했다. 시민들은 자연스럽게
그들을 '시민군'이라고 불렀다. 시민군과 공방전을 벌이던 계엄군은 결국
21일 한밤중에 광주에서 물러났다.

1980년 5월 22일부터 광주는 계엄군의 학살로부터 해방을 맞았다.
부상자와 시신이 뒤엉켜 가득 찬 병원에는 집에 돌아오지 못한 자식과
형제들을 찾는 사람들로 발 디딜 틈이 없었다. 어머니들은 이 병원
저 병원 영안실을 옮겨 다니면서 시신들을 뒤적이며 아직 돌아오지
않은 자식의 얼굴인지 확인했다. 그때 대형병원에서 일하는 어떤
분이 시신 얼굴 사진을 근접 촬영하여 인화한 사진 뭉치를 가지고
왔다. 사진 뒤에는 그 시신이 안치된 병원 이름이 적혀 있었다. 우리는
대자보에 시신 사진을 붙여서 대략의 인상착의와 병원 이름을 쓴 뒤
도청 옆 담벼락에 붙였다. 사람들이 구름떼처럼 모여들었다. 5월의
따가운 햇볕에 대자보의 사진과 글씨가 선명하게 반짝였다. 누군가가
손가락으로 사진을 가르치며 '여기 여기! 찾았다!'고 외친다. 대자보 위로
뻗은 팔을 다시 누군가의 손이 거두어내며 시신 사진에 더욱 주목한다.
대자보에서 아들의 사진을 확인한 한 어머님이 뒤돌아서서 얼굴을
감싸며 울고 있다.

그날 내 망막에 각인된 이 광경이 판화 〈대자보〉로 만들어졌다.

24.

오월광주가 장갑차와 M16으로 무장한 대한민국 최정예 공수부대를
물리칠 수 있었던 힘은 바로 '밥상공동체'에서 비롯되었다.

광주를 지키기 위해서 젊은이들은 자신의 목숨을 내놓았다. 시민들은
자신들이 갖고 있는 가장 귀한 것을 모두 길거리에 내놓았다. 거리마다

五月 25 | 대자보

솥을 걸고 밥을 지었다. 시민군들이 운행하는 차에는 시민들이 담아준
빵과 과자와 음료가 가득했다. 오히려 시민군들은 시민들에게 먹을 것을
나누어 주었다. 항쟁이 계속되는 열흘 동안 외부로부터는 철저하게
차단되었지만 그 안에서는 먹을 것이 전혀 부족하지 않았다.

소설가 손홍규는 어릴 적 기억을 더듬어서 고향 농촌 마을의
밥상공동체를 다음과 같이 설명하고 있다. 그의 글이 좋아서 길게
인용한다.

'추수를 하는 날이면 일꾼 대접으로 분주하기 마련이었다. 정육점에서
돼지고기를 넉넉히 끊어와 장독에서 꺼낸 묵은지와 함께 지지거나
찌개를 끓이고 양조장에서 막걸리를 받아오고 새참으로 내 갈 국수를
삶고 고명으로 얹을 달걀을 부치거나 애호박을 삶는 등 부엌 문턱이
닳도록 드나들어야 했으며 이 집 저 집에서 교자상, 멍석, 천막 등을
빌려와 밥상자리를 마련해야 했다. 하루 일이 끝나면 정말 잔치가
벌어졌는데 품앗이 일꾼들만 모여 저녁을 먹는 게 아니라 그이들의

식구라면 누구든 노인부터 조무래기들까지 불러와 방이란 방은 물론이며
마당까지 그들먹하게 채웠다. 대체로 품앗이는 한 마을에서 이뤄지기
때문에 마을 사람 대부분이 함께 저녁을 먹는 셈이었다. 그러므로
솜씨가 좋은 품앗이 일꾼만이 일꾼인 건 아니었다. 직접 낫질을 한
사람만이 일꾼인 것도 아니었다. 일손이 서투른 사람이어도 괜찮았다.
함께 땀을 흘린 것으로 충분했다. 일에 직접 뛰어들지 않은 사람이어도
괜찮았다.'(경향신문/2017.12.20./손홍규의 '품앗이')

당시 광주 시민들에게 주어진 총이 약 5천 정 정도였다. 그러나 단 한
건의 총기 사고가 없었다. 절도, 강도, 강간 범죄가 단 한 건도 일어나지
않았다. 오히려 시민군들은 반을 편성하여 충장로 5가에 즐비한 금은방
가게들은 물론 모든 은행과 관공서를 지켰다. 오월광주는 인류 역사상
가장 도덕적이고 질서가 있었던 시위로 이미 평가되었다.
5월 27일의 죽음과 패배를 이겨내고 결국 오월광주가 역사적으로 승리할
수 있었던 이 거대한 힘은 다시 말하지만 '밥상공동체'에서 비롯되었다.
시민들은 광주 시내 전체를 거대한 밥상공동체로 만들었다. 우리는

서로 밥을 나누면서 '이제 우리는 피를 나눈 형제'라는 것을 확신했다.
자신들이 가진 모든 것을 내놓아 모두 함께 나누었다. 받는 것보다 주는
것이 더 기뻤던 열흘 간의 항쟁이었다. 이 광경을 제대로 표현하기엔 판화
〈밥〉이나 〈대동세상-1〉도 부족하다.
판화 〈밥〉, 솥에서 밥을 담아 시민군들에게 나누어 먹이고 있는 여성은
노동자 정향자다. 그녀는 광주 여성노동운동의 대모다. 지금도 광주에서
'노동 상담소'를 운영하면서 고달픈 노동자들과 함께 살아가고 있다.

25.
오월민중항쟁 연작판화 〈새벽〉은 1980년대 중후반 시기의 광주진상규명
운동 과정에서 수없이 많은 전시가 이루어졌다. 아마 대한민국의 모든
대학교에서 실내 및 야외 전시로 이루어졌고, 전국 어느 곳이든 화염병과
최루탄이 교차하는 시위현장에 유격적인 전시회가 만들어졌다. 물론
전시 큐레이터들에 의해서 기획전의 방향과 목적의 양념으로 전작
50점에서 부분적으로 추려서 화이트 큐브라고 할 수 있는 갤러리에서도
많은 전시가 있었다.

2006년쯤으로 기억한다.
국립현대미술관이 오월연작판화를 구입하기 위해서 담당 큐레이터가
작업실을 방문해 내게 말했다.

"이 연작 판화는 몇 해 전부터 미술관에서 구입하려고 했지만 학예사들이
그림 구입 목록에 올릴 때마다 감사위원들이 이니셜 넘버가 없이 너무
많이 찍어진 판화라며 거부되었습니다."

그리고 작가 본인이 향후 이니셜 넘버를 정확하게 기입하는 서약서를
써주는 조건으로 구입하겠다고 말했다.

사실, 나는 즉시 '그런 점이 마음에 들지 않으면 구입하지 말라'고
말해야 옳았다. 그러나 생활비가 급한 나머지 갈릴레이가 했던 유명한
말을 떠올리며 큐레이터에게 대충 서약서를 써주고 연작판화 1조를
국립현대미술관에 팔았다. 지금 생각하면 너무 아쉬운 대목이다.

오월민중항쟁 연작판화 〈새벽〉 전작은 외국에서도 수많은 전시를 했다.
물론 대부분 외국의 시민단체나 인권단체들의 초청에 의해 만들어진
전시회다. 독일, 영국, 멕시코, 아르헨티나, 프랑스, 그리스, 미국, 캐나다,
스리랑카, 동티모르, 타이완, 스페인, 필리핀, 일본 등에서 주최 측의
여러 행사들과 더불어서 전시가 이루어졌다. 이중에서 가장 기억에 남는
전시회는 스리랑카와 일본 오키나와의 사키마 미술관, 그리고 타이페이
전시였다. 모두 전쟁과 백색테러 국가폭력으로 엄청난 학살을 겪었던
나라들이다. 그러한 현장을 경험했던 사람들이 전시장에 몰려와서
공감하고 격려하며 우리들이 함께 더불어 살아가는 세상에 대한 꿈을
교환하는 자리가 되었다.
그러나 국내에서는 전작 50점과, 이 판화들과 관련된 캡션을 마음껏
제대로 꾸려진 전시는 지금까지 단 한 번도 이루어지지 않았다.

26.
고 윤한봉 형은 살아생전에 이런 말을 자주했다.

"대한민국의 민주주의가 제대로 되려면 광주가 살아나야 하고, 광주가
살아나려면 오월운동이 살아나야 한다."

나는 3년의 감옥생활을 마치고 1992년에 광주로 복귀했다.
그리고 동료들과 함께 광주오월운동을 위해서 많은 일들을 만들었다.
그러나 1990년 이후 사회의 변화 앞에서 점점 사그라지는 운동의

불길을 다시 새롭게 일으켜 세울 수는 없었다. 어느 순간에 이제 더 이상 광주에서 내가 해야 할 일이 없음을 깨달았다. 그리고 예술가의 삶이란 끊임없이 부유(浮游)하며 살아야 한다고 생각했다. 어느 한곳에 뿌리를 박아 자신의 뜻과 상관없이 지역의 토호가 되어 향리의 문화 권력을 탐하는 순간에 예술 인생은 끝장난다는 사실을 몇몇 선배들의 모습을 보면서 반면교사로 삼았다. 즉시 거처를 서울로 옮기기로 결정했다. 내 청춘을 바쳤던 광주를 떠난다는 결정이 그리 쉬운 일은 아니었다. 내가 광주를 뜬다는 소식이 금방 동료들 사이에 퍼졌다.

서울 상계동에 작은 아파트를 구해놓고 광주 작업실의 짐을 싸고 있는데 전화가 왔다. 전화기의 목소리는 어느 오월 관련 단체의 간사였다.

"홍 선배님! 서울로 가신다면서요?"

"응."

"그러면…… 오월판화 원판은 오월단체에 돌려주고 가는 것이지요?"

나는 갑자기 머릿속이 멍해졌다.

"아니…… 그림 내용은 오월광주지만…… 그게…… 글쎄…… 그림의 소유는 작가에게 있는 것이지."

"어? 그래요? 우리는 선배님의 오월판화의 소유권이 오월광주라고 생각하는데……."

"허허…… 자네가 잘못 알고 있네."

"아! 네. 알겠습니다."

나는 전화를 뚝 끊었다. 내 청춘을 바친 광주를 떠나는 상황에서 밑도 끝도 없이 판화의 소유권을 주장하는 소행에 대해서 상당히 섭섭하고 불쾌한 생각이 들었다. 아! 내가 이제라도 광주를 떠나기로 했던 결정은 천만 번 잘한 결단이라고 생각했다. 그리고 이토록 끈끈하고 질긴 인연의 멍에를 한시라도 빨리 벗어내야 한다며 온몸으로 진저리를 쳤다.

이후 상계동의 서울 생활이 제법 익숙해질 무렵에 이사 직전에 받았던 전화기의 그 목소리에 대해서 다시 떠올렸다.

그 끈끈한 인연의 고리가 고달픈 '멍에'가 아니라, 광주의 동지들이 이름 없는 한 예술가에게 바치는 자랑스러운 '영예'라는 것을 깨달으면서 나는 가슴을 떨며 울고 말았다.

이 연작판화는 홍성담, 나의 것이 아니었다.

당시에 현장에서 죽었거나, 혹은 살아남아서 미래 세상을 꿈꾸었던 모든 광주 시민들의 것이었다. 이 판화들은 나의 손에 의해 만들어졌지만, 이 그림들 속에 들어가 숨 쉬고 있는 수많은 사람들의 것이 확실하다. 단지, 나는 그들에게 조각도를 든 내 손을 잠시 빌려주었을 뿐이다.

27.

계엄군들이 광주 시민을 향해 집단 발포를 했던 날이 5월 21일이다. 그날은 우연하게도 사월초파일 석가탄신일이었다. 전국의 모든 사찰에서 '관불의식' 즉, 아기 부처님의 몸을 씻겨드리는 의식을 하는 날이다. 세상에 태어나자마자 한 손가락은 하늘 위로, 다른 손은 땅을 가리키며 '천상천하 유아독존'이라고 외친 아기 부처님상의 몸에 깨끗한 물을 세 번 부어서 씻는 의례다.

5월 21일 초파일 정오가 지났다. 도청 스피커에서 애국가가 울려 퍼졌다. 도청 광장에서 계엄군과 대치하던 시민들도 모두 일어나 경건한 마음으로 애국가를 따라 불렀다. 애국가의 1절이 끝나는 순간, 아기 부처님과 60억 인류의 몸을 정결하게 씻는 '관불의식'의 순간에, 인간의 존엄과 생명이 세상에서 가장 귀한 것이라고 아기 부처가 선언하던 그 순간인 12시 59분, 도청 스피커에서 애국가 1절이 끝나는 것을 신호로 계엄군은 시민을 향해 무차별 발포를 시작했다. 계엄군의 집단 발포는 약 1시간 동안 계속되었다. 그날 도청 광장에서만 54명이 아스팔트 위에서 목숨을 잃었고 약 5백 명이 부상을 당했다.

계엄군의 발포를 시작으로 시민군들도 무장을 하여 공방전을 벌인 끝에 바로 다음 날인 5월 22일 새벽에 계엄군을 물리치고 광주를 해방시켰다. 이후 23일, 24일에도 계엄군은 광주로 재진입하려는 의도를 보였다. 광주의 어른들이 모두 몰려가 계엄군의 탱크 앞에 누워서 그들의 야만적인 재진입을 온몸으로 막았다.

계엄 당국은 연일 헬기를 동원하여 광주시 상공에서 삐라를 뿌리며 선무방송을 했다. 시민군들에게는 하루하루가 일 년보다 더 길었다. 그때 시민군 지도부에서 새로운 소식을 접했다. 미국 7함대 소속 항공모함 '코럴시' 호가 부산에 입항했다는 것이다. 우리는 드디어 미국이 광주학살 사태를 해결하기 위해서 구체적인 움직임을 보이기 시작했다고 분석했다. 한국의 민주주의를 위해서 전두환 신군부의 권력욕을 마땅치 않게 생각하는 미국이 분명히 뭔가 해결책을 제시할 것이라는 기대로 우리의 마음은 들떴다.

우리는 즉시 이 반가운 소식을 알리는 대자보를 수십 장 작성하여 도청광장 주변과 시내 중요한 거점에 게시했다.

'미국의 항공모함 코럴시 호가 부산항에 도착했다. 인권과 민주주의를 무엇보다도 중요하게 여기는 미국을 우리는 믿는다. 이제 며칠만 버티면 승리는 우리 광주 시민의 것이다'

오월광주항쟁이 끝나고 곧 얼마 지나지 않아서 우리의 이런 생각은 순진하거나 무지에서부터 비롯된 것이라고 자책했다.

당시 미국은 광주 시민들의 기대와는 달리 정반대로 움직였다. 전두환 신군부는 이미 미국에게 광주항쟁은 '공산주의자들의 소행'이라고 통보하였고, 이러한 보고가 전혀 사실 무근이라는 것을 뻔히 알면서, 군대를 이용해서 광주를 진압할 권리와 20사단 작전권을 전두환에게 넘겨줘 버렸다.

五月 01 | 마각

오월민중항쟁 연작판화 중에서 〈마각〉은 위에 언급한 이야기를 그린
것이다.

미국을 상징하는 성조기 앞에서 한국의 신군부와 자본가들이 양주파티를
벌이고 있고, 그 바로 아래는 한반도의 분단 상황을 이용해서 경제적
이익을 누리는 일본의 모습을, 그리고 미국에서 신군부로 이어지는
명령을 받고 이루어진 작전명 '화려한 휴가'라는 참극의 순간이다.
무등산 아래 민주주의를 상징하는 연꽃을 짓밟는 처참한 학살의 순간이
다가오고 있다.

판화 〈꼭두각시〉도 마찬가지 서사를 갖고 있다. 정작 전시작전권도 없는
한국의 군대이지만 민주주의를 부르짖는 시민들을 학살하는 일에는 가차
없이 출동시키는 미국의 모습을 그렸다.

나는 40여 년이 지난 지금도 당시에 '코랄시' 호를 언급한 대자보를
작성했던 것에 대한 트라우마가 불시에 일어나 나를 비참하게 만든다.
그리고 그 대자보를 수십 장 썼던 내 오른쪽 손목을 언젠가는 미련 없이
기어코 잘라 버려야 한다는 생각을 한다. 아마도 그 사건이 내 인생을

민중미술에 송두리째 바쳐야겠다는 결심을 하게 했는지도 모르겠다.
이 두 개의 판화는 오월민중항쟁 연작판화 〈새벽〉에서 프롤로그의
역할을 하고 있다.

28.
나는 하나의 그림이 완성되면, 일단 완성한 그림에 관한 모든 것을
재빠르게 잊어버린다. 그래야 다른 새로운 그림을 그리기 위해 감정을
추스를 수 있기 때문이다. 예술가에게 자신이 완성한 그림을 다시
꺼내서 곱씹어 보는 것만큼 권태로운 일이 없을 것이다. 어젯밤에 완성한
그림을 아침에 깨부수고 오늘 저녁에는 다시 새로운 그림을 그려야 하는
것이 예술가의 운명이다. 그리고 매일 이와 같은 일들이 무한 반복되는
삶이 예술가의 숙명이다.

나는 이 판화들을 수십 년째 까맣게 잊은 상태로 살아가고 있다.
1992년 감옥 출소 이후로 판화 제작에서 손을 뗐으니 더 빨리 잊을 만도

하다. 오월 관련판화 75점 중에서 오월항쟁 연작판화 〈새벽〉 50점에 어떤
그림들이 들어가 있는지도 간혹 헷갈릴 때가 많다.

2016년, 오월학살 당시에 헬기의 기총소사로 인해 파여진 자국이
광주도청 옆 전일빌딩 벽면에서 발견되었다. 그리고 천장에서는 총알도
발견되었다. 20여 년 전 오월진상규명 청문회에서 한국의 군부는 헬기
기총소사는 사실무근이라며 뻔뻔하게 변명했으나, 광주 시민을 학살하기
위해서 헬기까지 동원된 사실이 이제야 백일하에 드러났다.
그리고 2017년 12월, 어느 신문에 오월광주항쟁 당시에 시신의 신분을
알아볼 수 없게 하기 위해서 계엄군들이 학살한 시신의 얼굴을 페인트로
칠했다는 사실이 문건으로 밝혀졌다.

오월항쟁 직후에 이러한 사실들에 대해서 물론 우리는 모두 기억하고
있었다. 그리고 몇몇 증언록에도 기록되어 있다.
헬기 기총소사는 광주의 모든 시민들이 다 알고, 땅도 알고 하늘도 아는
당연한 사실이었다. 그런데 군부의 거짓말과 변명으로 그것이 문제가
되었다는 사실이 부끄러울 뿐이다.
내 오월판화에 지 사실들이 그려져 있었는지에 대해서도 까맣게 잊고
있었다. 나는 즉시 오월판화집을 꺼내서 살펴보았다.
다행이었다. 분명히 그 사실들이 판화에 기록되었다.

헬기 기총소사를 그린 〈효천전투〉가 있다.
맨 위에 무등산과 광주 시내가 보이고 아래는 나주시 남평 들녘까지,
한국전통미술의 한 형식인 부감법(俯瞰法)으로 그려냈다. 손톱만큼 작게
그려진 사람들이 각각 취하고 있는 모습들도 정확하다. 헬기 기총소사에
시민군들이 탄 트럭이 전복되었고, 여기서 벗어나기 위해 기어 나오는
모습, 그리고 부상한 동료를 무릎에 뉘고 간호하는 모습, 누군가는
용감하게 헬기를 향해 총을 겨누고, 또 누군가는 두려워서 벌벌 떨며

오
월

173

五月 29 | 효천전투

머리를 무릎 사이에 처박고 울고 있는, 그리고 시민군 기동타격대가
지원하기 위해 광주에서 출발하여 차를 달리는 모습까지 일목요연하게
그려져 있다.

1980년 오월광주항쟁이 끝나고 수년이 흐른 어느 날.
광주의 하늘은 쾌청하다.
나는 광주학살에서 원통하게 죽어간 망자들의 넋을 그림 속으로
불러들였다.
하늘에서 줄을 타고 내려온 영혼들이 모두 모여서 무엇인가 논의를 하고
있다. 또 왼쪽에는 영령들이 걸판진 굿판을 벌이고 있다.
계엄군의 대검에 배가 갈라져서 창자가 흘러내리는 참혹한 넋이
부르짖고 있다.
계엄군에 쫓기는 청년을 버스에 태워 도피시킨다는 이유로 개머리판에
맞아 피떡이 되고 M16 총알에 한쪽 팔이 떨어져 나간 시내버스
운전기사가 다시 돌아와 운전대를 잡았다.
대검에 의해 젖가슴과 음부가 도려내진 채 죽은 어떤 여성의 넋이 살인마

전두환을 부르고 있다.

강간 후 살해한 뒤에 알아볼 수 없도록 얼굴을 대검으로 죽죽 그어서
버려진 한 여성의 혼이 손거울을 보면서 머리를 빗고 있다.
계엄군들이 암매장한 시신이 땅을 뚫고 몸을 솟구치면서 손을 들어
인사를 하고 있다.
시신의 신분을 알아볼 수 없도록 얼굴에 페인트를 칠해서 내던져졌던
젊은 넋이 페인트통과 붓을 들고 학살자들의 이름을 부르고 있다.
이 그림이 1985년에 제작된 〈무등산하만고해원신시민군
(無等山下萬古解冤神市民軍)〉이다.

29.

나는 1986년에 광주정평위의 깅양래 간사의 은밀한 부탁을 받고
최초의 오월사진집을 편집했다. 김양래 간사가 그동안 모아놓은 사진
약 3백여 장을 몰래 나에게 건넸다. 우선 사진들을 오월항쟁 열흘 동안
시간별로, 장소별로 분리하는 작업이 가장 힘들었다. 그리고 철저하게

비밀에 붙여서 제작해야 했다. 사식과 인쇄소나 제본소가 모두 내일부터
차례로 준비해놓았기 때문에 당장 오늘밤 안에 모든 편집을 마쳐야
했다. 편집과 사진설명을 밤새워서 끝냈다. 그러나 결국은 인쇄 사정이
어려워서 인쇄기와 제본기를 가톨릭 광주대교구 주교관 지하로 옮긴
뒤에 1차로 5천부를 찍어 냈다. 그렇게 만든 사진집은 《5월, 그날이
다시 오면》이라는 제목을 달았다. 그리고 즉시 금남로 3가 가톨릭센터
2층에 있는 가톨릭 갤러리에서 대규모 오월사진전을 열었다. 사람들은
그 사진전을 보기 위해서 500미터가 넘게 줄을 서서 기다렸다. 그리고
뒤이어 1980년 당시 독일에서 파견사목을 하던 장용주 신부님이 몰래
가져온 독일 NDR 광주 특집방송 50분짜리 테이프와 일본과 영국
미국에서 방영된 오월광주의 현장 영상들을 구하고, 광주 망월동
5·18묘역과 관련자들의 인터뷰를 촬영한 동영상을 조합하여 1시간
20분짜리 비디오 테이프를 편집했다. 이 테이프는 〈5월, 그날이 다시
오면 2〉의 제목을 달고 전국에 뿌려졌다.
오월현장 사진전에서 익명의 시민들로부터 오월 당시에 몰래 촬영한
사진 필름을 입수할 수 있었다. 당시에 촬영한 필름을 감히 두려워서
현상조차 못하고 은박지에 돌돌 말아 수년간 보관하던 것을 전시안내
데스크에 슬그머니 놓고 총총걸음으로 사라진 시민들도 많았다. 그렇게
모아진 오월항쟁 현장의 시간대별로 정리하여 모은 사진이 약 500여
점이 되었다. 그래서 지금도 혹시 새로운 오월광주 현장 사진이 5·18
관련 단체나 5·18문화재단에 입수가 되면 그 사진을 나에게 보내서
촬영된 시점과 장소를 확인받는다. 그 덕분에 내가 당연히 오월현장
사진을 가장 많이 분석하고 정리한 경험을 갖게 되었다.

오월민중항쟁 연작판화들을 제작하는 동안에 그러한 사진들은 전혀 참고
대상이 되지 못했다. 다큐 사진은 오히려 예술가의 상상력을 방해한다.
내가 직접 보고 들었던 것들을 그림으로 옮기기에도 시간과 작업량이
부족했다.

五月 31 | 갚아야 할 원수

그러나 오월민중항쟁 연작판화 50점 중에서 한 장의 판화는
사진으로부터 영향을 받았다. 바로 어린 소년이 계엄군의 학살에 의해
죽은 아버지의 영정을 들고 물끄러미 앞을 응시하는 사진이다. 보는
사람으로 하여금 많은 이야기와 물음을 던져주는 사진이다. 이 사진은
오월항쟁 직후에 독일의 슈피겔지에 다른 여러 사진과 함께 광주특집
컬러판에 실렸다.
나는 그 사진을 리메이크하여 1985년에 〈갚아야 할 원수〉라는 판화를
만들었다. 나는 그림에서 소년의 오른손에 아빠의 영정을 잡고, 왼손에
고무줄 새총을 들려주었다. 그 소년은 장성하여 현재 5·18국립묘역
관리소에 근무하고 있다.

오월항쟁 연작판화가 대략 1981년부터 그려지기 시작하여 1차
완성이 되어 김정환 시인과 함께《해방판화시집》이란 이름으로
발행했다(일월서각, 1986년). 1989년 봄에 몇 점을 더 보강하여 총
50점으로《오월항쟁 연작판화-'새벽'》이 출간되었다. 1981년부터
지금까지도 오월항쟁연작은 매년 5월이 되면 어디선가 나도 모른

전시회가 수없이 열린다. 국내에는 국립현대미술관에 전작 1조가
소장되어 있고, 서울시립미술관, 광주시립미술관, 부산민주화운동재단,
광주5·18문화재단 등에 1조씩 소장되어있다. 국외에는 영국 글래스고
국립현대미술관, 앰네스티 런던본부, 일본 오키나와 사키마 미술관,
후쿠오카 아시아 미술관, 스리랑카 콜롬보 에큐메니칼센터 갤러리에 각
1조씩 소장되어 있다.
후쿠오카 아시아 미술관에서는 2015년에 미술관 개관 이래 소장하고
있는 작품 100선에 오월항쟁 연작판화가 선정되기도 했다.

그러나 이렇게 많은 전시회에도 불구하고 오월연작판화에 대한
평론가들의 비평은 별로 눈에 띄지 않는다. 다행히 미술사학자 김태호
교수가 1991년에《우리시대의 우리미술》이라는 평론집을 출간할 때
1980년대에 제작한 나의 판화 전체 작품에 대해 원고지 200매가 넘는
장문의 작가론을 실었으나 오월판화에 대한 본격적인 비평은 아니었다.
내가 감옥에 있던 시기라서 직접 작가 인터뷰 한 번 없이 쓴 글이라서
조금 아쉽기는 하다.
주례사 비평문이나 전시 브로커들이 판치는 한국 미술평론의 상황을
생각한다면, 심지어 작품도 직접 보지 않고 기레기라고 별칭이 붙은
신문기자들의 기사만을 참고하여 한마디쯤 거드는 정도의 게으른 비평을
감안하면 향후 오월연작판화에 대한 본격 비평은 당분간 나오지 못할
것이라고 예상한다.
오월연작판화를 비평하기 위해서는 한국의 현대사 속에서 오월광주를
공부해야 한다. 그리고 오월 관련자들에 대한 많은 인터뷰가 있어야
한다. 또 1980년대 내내 나와 함께 문화운동을 했던 문화패에 대한
이해가 필요하다. 왜냐면 오월연작판화의 내용 곳곳에는 당시
문화패들의 정신이 구현되어 있기 때문이다. 오월판화를 이루는
형상의 기초는 한국전통미술의 아키타입에서 차용되어 있으므로
한국전통미술에 대한 공부가 기본으로 되어 있어야 한다. 또한

오월판화의 내용을 관류하는 양식적인 배경은 샤머니즘과 애니미즘을 토대로 한다. 그러므로 동아시아의 사상적 기원과 변용에 대해서 깊은 이해가 있어야 한다. 오월판화는 1980년대 민주화운동의 정세전망에 따라 가쁜 호흡을 함께하면서 제작되었다. 그래서 당시의 민주화운동의 진행과정과 조직노선 그리고 운동진영 내부의 이데올로기 논쟁 등에 대한 총체적인 이해가 있어야 한다. 즉, 데리다, 푸코, 라캉 등의 번역서 몇 권 읽은 뒤에 그들의 미학적 등식을 이용해서 어설프게 꿰맞추는 비평 따위로는 신발에 발을 맞추어야 하는 코미디가 될 뿐이다.

30.

1988년 필리핀 마닐라의 인권단체로부터 〈오월항쟁 연작판화〉 전시를 초청받았다. 당시엔 독일에 장기간 머물면서 〈오월항쟁 연작판화〉를 순회 전시하는 시기였다. 나는 독일 전시를 마친 작품을 마닐라로 즉시 보내주었다. 그런데 마닐라 전시 주최 측에서 판화에 대한 설명을 작성해 달라는 요청이 왔다. 나는 고민에 빠졌다. 각 판화마다 '이 그림은 1980년 5월 19일 광주양동시장에서 리어카를 끌던 노인이 계엄군에게 학살당하는 장면이다' 또는 '이 그림은 21일 계엄군의 집단 발포 이후 시민들이 화순과 나주의 예비군 무기고를 털어서 무장하는 장면이다'라고 언급하는 것은 마치 현장의 사진에 붙는 단순한 설명에 불과하다고 생각했다. 지구상 어디에서나 국가폭력과 집단학살의 방식은 거의 똑같은 모습을 보여주고 있다는 것을 감안해야 한다. 오월항쟁 연작판화 〈새벽〉이 1980년 5월의 광주항쟁의 광경을 그린 그림이지만, 그것이 비단 광주의 상황을 떠나서 국가폭력에 의한 집단학살이 존재하는 곳이라면 피해자나 민중들이 이 그림을 통해 서로 이해하고 공감을 느낄 수 있도록 하는 것이 중요했다. 그래서 판화 하나하나에 공감을 이끌어내기 위한 특별한 설명이 필요했다. 그림을 감상하는 사람이 자신들의 역사와 경험 속에서 정서적 일치를 느낄 수 있도록

유도하기 위해서 설명하는 문장에 감성의 폭을 넓혀주는 시적(詩的) 여백이
필요했다. 이 글을 내일 곧바로 마닐라로 보내주어야 그곳에서 영문으로
번역을 할 수 있었다. 절대 시간이 부족했다. 마음을 가다듬고 꼬박 밤을
새워 연작판화 50점에 각각 붙이는 50개의 글을 완성해서 다음 날 급하게
우편으로 보냈다. 며칠 후에 마닐라에서 '보내준 글을 잘 받았으나 글이
50개가 아니라 49개다. 1개가 부족하다'라는 소식이 왔다. 그래서 작성한
글을 자세히 살펴보니 글을 작성하는 도중에 번호가 한 개를 건너뛰어서
설명글 하나가 빠진 것을 확인했다. 그러나 독일의 내 일정이 바쁘기도
하지만 이미 기력이 빠진 나는 마지막 1개의 설명글을 작성하지 못하고
말았다.
지금까지도 오월항쟁 연작판화 50점의 설명글은 49개뿐이다.

2005년에 서승 교수님의 주선으로 오키나와의 사키마 미술관에서
오월항쟁 연작판화 전시를 하게 되었다. 그때 서승 교수님이 직접 판화
설명글을 일어로 꼼꼼하게 번역해 주었다. 그 전시회를 보고 사람들은
이렇게 말했다.
"서승 교수가 너무 번역을 잘한 탓인지, 그림보다 글이 더 좋다!"
화가에게는 조금 섭섭한 말이었지만, 서승 교수의 동아시아 관련 여러
행사들과 함께 진행되었던 이 전시회는 가장 인상 깊이 기억에 남은
전시회가 되었다.

이 판화 설명글은 2005년 사키마 미술관 전시를 위해서 교토 리츠메이칸
대학의 서승 교수가 일문으로 번역하였고, 영문은 2011년에 배제대학
영문학과 윤준 교수, 중문으로는 2013년 타이페이 전시를 앞두고 충남대학
중어중문학과 엄귀덕 교수가 번역했다.
또한 독일어와 스페인어로도 번역이 되었다.

그리고 일본 도쿄의 시민운동가 오카모토 유카에 의해 2011년 무사시세키

브레히트 소극장에서 전시를 한 뒤에 《사람이 사람을 부른다》라는
제목으로 일본의 출판사 야광사(夜光社)에서 판화집이 발간되었다.

31.

판화 설명글 49개 중에서 내가 특별하게 좋아하는 2개의 글이 있다.
하나는 판화 〈임산부〉에 붙는 글이다.
이 판화는 실제 인물 '고 최미애' 님에 관한 그림이다.
최미애는 중학교 선생님과 결혼해서 둘째를 임신해 8개월 만삭인
상태였다.
5월 21일 저녁식사를 지어 밥상을 차려서 상보로 덮어놓고 퇴근하는
아이 아빠를 기다리다가 시위대의 함성소리를 듣고 걱정이 되었다.
대문을 열고 골목길을 지나 큰길을 바라보았다. 길에 돌멩이와 신발들이
어지럽게 흩어져 있는 모습이 멀리 보였다. 남편의 퇴근길이 더욱 걱정이
되어 이곳 모퉁이에 숨어서 아기 아빠를 기다리기로 마음먹었다. 이때
어디선가 계엄군의 조준 사격에 가슴을 맞고 그 자리에서 절명했다. 동네
어른들 몇 사람이 쓰러진 임산부를 부둥켜안고 외쳤다.

"뱃속의 아이가 아직 살아서 발로 차고 있어! 지금 병원으로 데려가면
아이는 살릴 수 있다."

누군가가 리어카를 끌고 왔다. 어른들이 절명한 임산부를 리어카에 싣고
큰길을 달렸다. 사거리에서 길을 막고 있는 계엄군들을 만났다.

"아이가 살아있어! 길을 비켜주시게. 지금 병원으로 가면 아이는 살릴 수
있네."
그러나 계엄군들은 길을 비켜주는 대신에 소총에 착검한 대검 칼끝으로
어른들의 가슴을 세차게 밀며 즉시 해산하여 집으로 돌아갈 것을

五月 32 | 임산부

요구했다. 그렇게 실랑이를 하는 사이에 임산부의 뱃속에서 발길질을
하던 아이도 점점 힘을 잃고 죽어갔다.

지금도 그녀는 결혼식 당시 웨딩드레스에 화관을 쓴 모습의
영정사진으로 묘역을 순례하는 우리를 반겨준다.
판화 〈임산부〉에서는 8개월 태아가 밖으로 빠져나와 길바닥에
너부러져 있다. 바닥에 쓰러져 절명한 임산부가 일어서려는 순간이다.
그리고 얼굴엔 교교한 미소까지 짓고 있다. 사랑하는 아이와 아빠와
8개월 태아를 두고 그냥 이대로는 절대 이승을 떠날 수 없다는 단호한
표정이다.
나는 이 판화 〈임산부〉에 14줄의 설명글을 붙였다.

……

내 아이가
쏟아져 버렸다

무엇으로 다시 내 몸을 채워야 하리

내 빈 몸을 채워야 하리

무엇으로

지난 일 년 동안 내 몸 속에서

나와 함께 숨쉬던

아이의 자리를 채워야 하리

무엇으로 내 몸 안에 사랑을 심은

그이의 자리를 채워야 하리.

(판화 설명글 중에서)

32.

대한민국의 헌법 1조엔 분명히 이렇게 씌어져 있다.

'대한민국은 민주공화국이다. 대한민국의 주권은 국민에게 있고, 모든
권력은 국민으로부터 나온다.'

즉, 대한민국의 주인은 '국민'이라는 말이다.

나라의 주인인 국민이 민주주의를 요구했다. 이러한 국민을 학살하고
다시 군부가 정치권력을 잡은 사건이 '광주학살'이다.

1980년 광주를 좀 더 내밀하게 들여다보면 민주주의의 요구에 학살로
대답한 군부독재와 맞선 '항쟁'이었다.

그러나 1993년에 국회는 정치적 역학관계에 따른 판단에 의해
'5·18광주민주화운동'으로 명명하였다. 그리고 광주시는 광주를 평화와
인권의 도시로 선언했다.

그 과정에서 우리가 가장 중요하게 생각해야 할 불의에 대한 '저항'과
'항쟁'의 정신이 점점 희미해지기 시작했다.

안보가 위중하다며 박정희 유신독재를 십수년간 찬양하던 사람들이
나라를 지키는 전방의 군대를 한반도 남쪽으로 빼내어 광주에서 학살을

자행했다. 오월광주항쟁의 가장 큰 의미는 학살을 물리치고 광주공동체를
지키기 위해서 시민이 총으로 무장하여 시민군을 편성했다는 사실이다.
이것은 민주주의나 인권 이전의 저항권의 문제다. 불의한 권력에 저항하지
않고 민주주의가 지켜질 수 있을까. 인간의 가장 기본적인 삶의 권리인
인권은 저항으로 지켜진다. 오월광주의 가장 큰 의미는 '저항권'이다. 국가의
주인인 국민이 어느 한사람에게 잠시 맡겨놓은 권력 따위가 국민을 몽둥이로
탄압하면, 국민도 당연히 몽둥이로 불의한 권력을 다스리겠다는 의미다.
저 불의한 것들이 칼을 들면 국민도 칼을 들고, 저 악마들이 우리의 가슴에
총부리를 겨누면 국가의 주인인 국민들도 총을 들어 저항하겠다는 선언이다.
그래서 오월항쟁에서 가장 중요한 사건은 집단 발포를 시작으로 광주시민을
학살한 계엄군을 물리치기 위해서 우리 시민들도 '총'으로 무장했다는
사실이다. 오월항쟁에서 가장 상징적인 시각 이미지는 계엄군의 학살로부터
광주공동체를 지키기 위해서 시민의 손에 들린 '총'이다.
'총'으로 지킨 광주공동체였다.
그러나 정치적 이해관계에 의해 '5·18광주민주화운동'이라고
명명되면서부터 광주 안팎의 기득권세력에 의해 '오월항쟁'은 새로운 세상을
위해서 더욱 날카롭게 다듬어야 할 이빨과 손톱이 뽑힌 대신에 인권과
평화라는 달콤한 이슬로 치장되었다.

1980년 5월에 나도 역시 칼빈 소총 한정과 총알 4발을 지급받았다.
한국전쟁에서나 사용했던 칼빈 소총은 손바닥으로 조금 강하게 때려도
분해가 되어버릴 정도로 고물이었다. 문화선전대로서 플래카드와 대자보,
그리고 각종 차량에 분류번호를 쓰는 역할을 맡았던 탓에 실제 총을 사용할
일이 없어서 총알을 빼내어 바지 주머니에 넣어 보관했다. 나는 가끔 쉬는
시간에 어깨에 맨 칼빈 소총을 벗어서 바라볼 때마다 사람을 죽이는 무기가
저렇게 멋지게 생길 수 있을까 생각했다. 잘록한 허리에서 개머리판까지
흐르는 곡선은 그야말로 아름다웠다. 쇠와 나무의 적절한 결합과 총구,
총신, 개머리판으로 이어지는 모양이 더 이상 빼고 더할 것이 없을 정도로

완벽하게 균형을 이루고 있다. 굳이 성별적 특성으로 따지자면 칼빈
소총의 저 미려한 모습은 마치 여성성이 깃들어 있는 것처럼 보였다.
물론 고교시절과 대학시절에 교련훈련을 받으면서 소총을
다루어보았지만 이런 아름다움을 느끼진 못했다. 며칠 동안 함께했던
칼빈 소총이 마치 사랑하는 여인처럼 느껴졌다.
5월 26일 오후 4시경에 시민군본부로부터 YMCA와 YWCA에서
활동하는 문화선전대에게 긴급 메시지가 왔다. '오늘 밤 자정을 기해서
계엄군이 쳐들어온다. 여성들과 문화선전대는 오후 7시까지 자리를
정리하고 도청본부에 총을 반납한 뒤에 집으로 돌아가라'는 소식이었다.
이번엔 확실한 정보이므로 각자 조심해서 대피하라는 것이었다.

오후 6시쯤 우리가 사용하던 YMCA 강당을 대충 정리하고 서로
무사하기를 바라는 인사를 나눈 다음에 광장 건너 도청 시민군 본부로
갔다. 철문이 굳게 잠겨있고 문 양쪽에 모래부대와 폐타이어 등으로
엄폐된 바리게이트 안에서 시민군이 지키고 있었다. 모두들 오늘밤에
혹시라도 있을 일전을 준비하고 있었다. 나는 총을 반납했다. 그동안
정든 사람과 헤어지는 듯이 매우 아쉬웠다. 그리고 잠깐 얼굴이라도 보고
가려고 시민군 대변인 윤상원 형을 불러달라고 했다. 잠시 후에 상원
형이 철문을 열고 나와서 그 초롱초롱한 눈에 미소를 띠며 말했다.

"담이! 담배 있는가?"

광주는 벌써 10여 일 외부로부터 단절되어 있었다.
시내에 모든 담배가 동났다. 특히 시민군들에게 초조함을 달래 줄 것은
담배뿐이었다. 나도 이틀째 담배를 피우지 못했다.
"형! 여그서 잠깐만 기둘려! 내가 언능 담배를 구해 올께잉!"

나는 도청 앞을 휘돌아 뒤쪽 골목길로 달려갔다. 눈에 쌍심지를 켜고

골목에 버려진 꽁초를 찾았다. 꽁초 몇 개를 주워서 다시 돌아와서 상원 형과 나는 도청민원실 앞 계단에 쪼그리고 앉았다. 내가 꽁초를 분해해서 거리에 굴러다니는 신문지 조각으로 담배 2대를 말았다. 꽁초에서 분리한 필터를 담배가루 무더기 한쪽 끝에 놓고 종이를 조심스럽게 말아서 침을 발라 붙인 다음에 형에게 주면서 말했다.

"히히. 비록 꽁초지만, 건강을 위해서 반드시 필터를 함께……."

그리고 나도 방금 만든 담배를 입에 물고 성냥불을 그어서 먼저 형의 입에 문 담배에 불을 붙였다. 우리 두 사람은 흡족한 표정으로 담배연기를 깊이 빨아서 공중에 후~ 길게 뿜었다.

"하이고! 이제사 살것네잉!"

시민군들과 형을 도청에 남겨두고 나 혼자서 살겠다고 집에 들어가는 것이 왠지 쑥스러워서 나는 더욱 너스레를 떨었다.

"형! 저눔들이 그저께 밤에도 광주에 들어온다고 지랄 떨고, 어제도 공격하겠다고 난리 떨었지. 오늘 밤에도 공격하는 시늉만 해서 우리들의 힘을 빼려는 수작 아녀? 저눔들이 시가전을 벌일 생각은 쉽사리 못할 거여잉!"

오랜만에 마시는 담배 연기에 머릿속이 핑그르르 어지러웠다. 둘이 벽에 잠시 등을 대고 지난 며칠간 발 디딜 틈이 없이 시민들이 모여서 궐기대회를 했던 분수대와 광장을 바라보았다. 텅 비어 있는 광장이 갑자기 슬프게 보였다. 우리는 일어나서 엉덩이를 털었다.

"형! 오늘 밤에 아무런 일도 없을 거야. 낼 오전에 담배를 구해 가지고

五月 45 | 윤상원 열사도

올께잉 기둘리쇼잉! 낼 봅시다."

그리고 서로 뒤돌아서서 걷다가 갑자기 바지주머니 속에 보관하고
있는 4발의 총알이 생각났다. 당시에 우리 시민군들에게 절대 부족한
것은 실탄이었다. 돌아서서 걸어가는 형을 불렀다. 내가 달려가
바지주머니에서 총알을 꺼내 형의 손바닥에 올려놓았다. 분명히
4발이었는데 아무리 뒤져보아도 3발뿐이었다. 나도 모르는 사이에
1발을 흘렸는가 보다. 지난 며칠간 주머니 속에 넣고 돌아다닌 탓에
거무티티하게 누런 총알 표면이 닳아져서 반들반들했다. 형이 한참이나
자기 손바닥에 놓인 총알을 들여다보다가 주먹을 꽉 쥐었다.

"담이! 사람을 죽이는 총알이 위째서 이리도 따듯하다냐."

이것이 윤상원 형과 마지막이 되었다. 형은 27일 새벽에 계엄군의 총에
복부를 맞고 신음하다가 절명했다. 도청 건물을 점령하고 수색을 하는
계엄군이 형의 시신을 향해 화염방사기로 쐈다. 당시에 입고 있었던

五月 23 | 총, 나의 생명

바지와 윗옷이 화염방사기에 녹아서 시신의 살갗에 달라붙었다.

나는 그 이후에 상원 형의 '사람을 죽이는 총알이 위째서 이리도
따듯하다냐.' 이 한마디보다 더 위대한 혁명시를 김남주의 시 외에는
보지 못했다. 오월광주항쟁 이후 수많은 시들이 '아! 광주. 아! 무등산.
아! 금남로'를 외우며 그토록 목 놓아 외쳤지만 내 눈길을 붙잡지 못했다.
판화 〈총, 나의 생명〉은 오월항쟁 연작판화 중에서 가장 과격하다고 할
수 있는 그림이다. 무등산을 배경으로 총을 든 시민군을 그렸다.
1980년대 내내 오월판화가 발표되자 사람들은 하나같이 나에게
과격하다며 비판했다. 우리 민중미술진영에서조차 어떤 사람은 '이것은
민중미술이 아니라 선전선동미술이다'라고 비판했다.
물론 눈썹 같은 그믐달이 슬프게 떠있는 밤길을 하얀 소복을 입은
여인들이 눈물을 흘리며 걸어가는 모습으로 광주의 상황을 표현할 수도
있다. 때로는 시푸른 낫으로 갈대풀을 쥐어뜯으며 분노를 참는 얼굴을
그려서 광주의 울분을 대신할 수 있다.
그러나 오월항쟁 열흘을 관통했던 나는 그런 식의 '엄살'을 부려서

'광주가 많이 괴롭고 아프다'고 말하는 것은 용납할 수 없다. 또 '아양'을
떨어서 광주에 시선을 집중시키는 짓 또한 간지럽다 못해 추악하다는
생각마저 든다. 예술과 서정성이라는 이름 아래 그런 식으로 광주를
표현한다는 것이 오히려 살아남은 자로서 죄를 짓는 일이라고 생각했다.
예술이란 이런 '엄살'과 '아양'이 그림의 어느 구석에 스며들어
있어야 '예술적'이 된다는 점을 나는 일찍이 잘 알고 있었다. 그러나
'예술적인'것과 '예술'은 분명히 다르다. 예술가가 예술을 하겠다고
나서는 순간에 이미 그의 예술은 실패한다.
1980년 오월광주는 그런 따위의 예술을 하려거든 차라리 신성한 노동과
막일로 먹고 사는 것이 훨씬 더 거룩한 삶이라고 나에게 가르쳤다.
왜냐면 우리는 '총'을 들고 저 불의한 악마들과 싸웠으므로.

판화 〈총, 나의 생명〉에는 12줄의 설명글이 붙어 있다.

……
동굴처럼 캄캄한 살상의 총구도
오늘
연인의 자궁처럼
아늑하다
방아쇠는 긴장한 허리다
총
뜨겁게 호흡을 하고 있다

우리는 밥처럼 총을 나누었고
나는 총에게 숨을 나누었다.
(판화 설명글 중에서)

오키나와 이후
정신세계의 계엄을 넘어서

서승 우석대학교 석좌교수

투쟁의 현장에서 비밀스러운 밤을 이어가는 도주생활 속에서 새긴 오월
판화 〈여명〉에서는 피가 흘러, 민중의 함성과 환희의 웃음이 터져 나오고,
고독한 투사의 엄한 눈빛이 뚫고 나온다. 신군부의 민중학살을 고발하고
권력의 폭력에 저항하는 선동 포스터로서, 피맺히는 외침의 전단으로서
오월판화는 제작되었다. 포스터는 길거리마다 붙여지고, 전단은 이 골목
저 골목에 뿌려지고 염병처럼 전국에 돌고 깊이 파고들어가 피부병처럼
군사정권을 괴롭혔다. 그 병균은 온 세계로 퍼져 광주학살을 규탄하는
아이콘이 되어 광주학살의 비인간성과 잔학성을 사람들의 뇌수 깊이
박아놨다.

예전에는 나는 그 아이콘의 수용자이고 이용자였을 뿐이었는데,
2005년을 계기로 나는 오월판화를 가지고 동아시아의 국가폭력을
고발하는 문화운동의 기획자가 되어, 탁월한 문화선전대원 홍성담과
길을 함께해 왔다. 2005년을 계기로 홍화백의 저항의 상대는 한국의
군부독재에서부터 동아시아의 국가폭력으로 영역을 넓혔다. 동아시아는
서구제국주의와 그 사생아인 일제에 의한 전쟁과 약탈, 침략과
학살이라는 재앙의 업화(業火)로 달구어져 만들어졌으며, 동아시아

민중은 같은 예속의 역사에서 신음해 왔다. 우리의 해방이 동아시아의
해방이며, 동아시아의 해방이 우리의 해방이기에, 동아시아가 함께
온몸으로 싸우기 위해서 우리는 이 길을 가려 한다.

2005년, 판화는 오키나와의 사키마(佐喜眞) 미술관으로 갔다.
사키마 미술관은 동경에서 학생운동을 하다가 반전평화에 뜻을
세운 사키마 미치오 씨가 후텐마(普天間) 미해병대 항공대 기지에게
빼앗긴 조상의 땅을 반환받아 세운 '평화' 미술관이다. 후텐마 기지는
기노완(宜野湾)시의 한가운데 4분의 1을 차지하고 기노완시의 몸뚱이
한복판에 커다란 펑크를 내고, 기노완시를 불구의 몸으로 만들고
있다. 미술관은 미군기지의 철조망에 몸을 기댄 듯이 밀착하여 기지를
굽어보고 있다. 우아한 곡선을 이루는 미술관의 전시공간은 자궁 모양의
묘실을 가진 오키나와 전통의 구갑(龜甲)묘에서 착상되었다. 3개로
나뉘어진 전시실 중 가장 큰 메인 홀 정면 벽은 마루키(丸木) 부부가
그린 처참한 지옥도같은 '오키나와전(戰)도'가 차지하고 있으며, 케테
콜비츠, 조르주 루오 등 반전평화를 주제로 하는 작품을 다수 소장하고
있다. 수학여행 온 학생을 비롯하여 오키나와 평화기행을 하는 사람들의
메카가 되어있다.

오월판화전 '저항과 창조'는 사키마 미술관 개관 10주년 기념으로
해외작가초청전시 제1호가 된 것이다. 오프닝에는 냄새를 맡고 모인
오키나와의 반전 · 반기지 운동가, 화가, 조각가, 무용가, 시인, 종교인,
실업자, 학생 등등 온갖 사람이 모여들어 〈대동세상-1〉 판화에서 빠져
나온 사람들처럼 먹고, 마시고, 노래 부르고, 떠들고, 춤추고, 얼싸안고
열을 지어 길놀이 하는 군중으로 변해갔다. 식민지 지배, 침략 전쟁,
대량 학살 속에서 찢기고, 밟히고, 신음해온 동아시아 민중과 홍성담이
만나는 순간이었다. 한국에만 갇혀있었던 오월판화가 일제의 지배와
동아시아 냉전이라는 역사적인 맥락에서 함께 수난을 받고, 함께 저항해
온 동아시아 민중을 만났다.

오월판화는 2006년 교토로 갔다. 100년 고가인 사카이마치(堺町)

화랑에서, 교토시립미술관 별관에서 개최되는 '광주시각매체연구소' 그룹전과 병행해서 함께 전시되었다. 2010년에는 오월판화전 '사람이 사람을 부른다'가 도쿄의 브레히트 극장에서 낭송극과 함께 상연되었다. 내가 홍성담과 함께 국가폭력의 발자취를 따라 타이베이를 찾은 것은 한참 전인 2005년이었다. 우리는 장개석의 백색테러에 쓰러진 황룽찬(黃榮燦)화가의 묘소를 찾았다. 타이베이시 공동묘지 비탈에 황룽찬이라 쓰여진 벽돌만한 왜소한 비석 앞에서 홍성담은 쪼그려 앉아서 담배불을 붙이고 묘전에 눈물과 함께 바쳤다. "세상에 예술활동으로 인해 처형된 화가가 일찍이 있었을까?" 자신도 3년여의 감옥살이를 한 화가의 탄식이었다. 루신(魯迅)미술학교 등에서 수학한 판화가 황룽찬은 해방 후 대륙에서 대만으로 옮겨와 장개석 독재를 비판하는 잡지나 판화를 통해 문화선전활동에 종사하다가, 1952년 11월 19일 총살되었다. 황룽찬 추모 판화전을 반드시 대만에서 하겠다는 홍성담의 영전 앞 맹세는 2013년 9월에 이루어진 것이다.

전시는 대만 소극장운동의 거목, 왕모린(王墨林)의 제의로 광주 5·18에서 소재를 얻어 번안한 그리스 비극 안티고네와 오월판화를 앙상블로 연출한다는 것이었다. 판화는 일제의 경찰서 건물이었던 꾸린제(牯嶺街) 소극장 홀에 걸리고, 안티고네는 소극장에서 공연되어, 오월판화 시낭송극, 음악회, 심포지엄 등 다채로운 행사가 한중일의 3개 국어로 깊이 있는 종합예술의 향연을 펼쳤다. 공통의 인식은 왕모린이 제기한 '정신세계의 계엄'이었다. 군사독재 이후의 이른바 '민주화된 시민사회'의 인간의 정신세계에 깊이 뿌리박고 있는 자기검열, 반공주의적 자기규제를 말한다. 정신세계의 계엄이야말로 민주화 이후의 동아시아에서의 문화운동의 투쟁목표가 되어야 한다는 것이다.

이때의 문화충격파는 이듬해 2014년 9월, 타이난의 청공(成功)대학에서 열린 판화전 '희망의 연대'로 이어졌다. 전시는 구 일본군 야전병원을 전용한 청공대학 대만문학부 소강당에서 이루어졌다. 열대수의 큰 잎사귀의 짙은 그늘 아래에 서 있는 아담한 목조건물 속에 50장의

오월판화가 걸려 있고, 그 뒤로는 걸개그림 '세월오월'이 당당하게
펼쳐져 있었다. 마침 한 달 전에 광주 비엔날레 20주년 특별전에서
메인 작품으로 예정되었으면서도 출품을 거부당한 '세월오월'을
종쇼우메이(鍾秀梅) 교수가 넉넉하게 받아 주었고 걸개그림은 외국에서
먼저 걸리게 된 것이다. 오마이뉴스의 박건 기자는 "한국에서 추방된
'세월오월' 대만으로 망명"이라고 타이틀을 뽑았다. 광주시미술관 별관
벽에 못박힘에서 해방된 '세월오월'은 이때부터 종횡무진 세계를 누비고
다니며 걸개그림 본연의 구실을 하게 된다.
오월판화는 독재정권에 대한 날카로운 비수로서 소임을 다하면서
성장하고, 제국주의 중심의 동아시아 지역질서를 파괴하는
충각(衝角)으로서 구실을 다해왔다. 이제 단정한 책자로 편집되어
고전으로 되어가는 오월판화의 행로를 지금은 다 헤아릴 수 없지만,
투쟁의 무기로서 오월판화의 구실을 내려놓기는 아직도 이르지 않나
싶다.

이 도서의 국립중앙도서관 출판시도서목록(CIP)은 e-CIP홈페이지(http://www.nl.go.kr/ecip)에서 이용하실 수 있습니다. (CIP제어번호: 2018013187)

5·18 광주민중항쟁 연작판화

오월

2018년 5월 18일 초판 1쇄 펴냄

글쓴이 | 홍성담
펴낸곳 | 도서출판 단비
펴낸이 | 김준연
편집 | 김성은
등록 | 2003년 3월 24일 (제2012-000149호)
주소 | 경기도 고양시 일산서구 일중로 30, 505동 404호(일산동, 산들마을)
전화 | 02-322-0268
팩스 | 02-322-0271
전자우편 | rainwelcome@hanmail.net
ISBN 979-11-85099-07-1   03300